Niedersächsische Bauordnung (NbauO)

3. Auflage 2018

Textausgabe für Studium und Beruf

Impressum

© Verlag MGJV, Poelchaukamp 20, 22301 Hamburg, Kontakt: mgjv.verlag@gmail.com; - Die Redaktion freut sich über konstruktive Hinweise und Verbesserungsvorschläge.

Inhaltliche Verantwortung und Aktualität: Redaktion MGJV

Satz, Druck und Bindung: Externe Dienstleister; alle Rechte MGJV-Verlag

Umschlaggestaltung: Gustav Broedecker. Alle Rechte MGJV-Verlag

Wir sind bemüht, ein ansprechendes Produkt zu gestalten, dass vernünftigen Ansprüchen an das Preis/Leistungsverhältnis gerecht wird.

- - - - -

Über eine Bewertung bei Amazon oder anderen Distributoren freut sich die Redaktion. Mit Kritik und Verbesserungsvorschlägen für künftige Ausgaben wenden Sie sich auch gerne an MGJV.Verlag@gmail.com. Wir freuen uns über hilfreiche Hinweise.

Vielen Dank, Ihre Redaktion MGJV

Inhaltsverzeichnis

Niedersächsische Bauordnung
(NbauO)

Vom 3. April 2012

Zum 19.02.2018 aktuellste verfügbare Fassung der Gesamtausgabe

Stand: letzte berücksichtigte Änderung: §§ 62, 68, 74 und Anhang geändert durch Gesetz vom 25.09.2017 (Nds. GVBl. S. 338)

Der Niedersächsische Landtag hat das folgende Gesetz beschlossen:

Erster Teil

Allgemeine Vorschriften

§ 1
Geltungsbereich

(1) [1] Dieses Gesetz gilt für bauliche Anlagen, Bauprodukte und Baumaßnahmen. [2] Es gilt auch für andere Anlagen und Einrichtungen sowie für Grundstücke, an die in diesem Gesetz oder in aufgrund dieses Gesetzes erlassenen Vorschriften Anforderungen gestellt werden.

(2) Dieses Gesetz gilt nicht für

1.

   Betriebsanlagen von nichtöffentlichen Eisenbahnen sowie öffentliche Verkehrsanlagen, jeweils einschließlich des Zubehörs, der Nebenanlagen und der Nebenbetriebe, ausgenommen Gebäude,

2.

   Anlagen und Einrichtungen unter der Aufsicht der Bergbehörden, ausgenommen Gebäude,

3.

Leitungen, die dem Ferntransport von Stoffen, der öffentlichen Versorgung mit Wasser, Gas, Elektrizität oder Wärme, der öffentlichen Abwasserbeseitigung, der Telekommunikation oder dem Rundfunk dienen, sowie

4.

Kräne und Krananlagen.

§ 2
Begriffe

(1) [1] Bauliche Anlagen sind mit dem Erdboden verbundene oder auf ihm ruhende, aus Bauprodukten hergestellte Anlagen. [2] Bauliche Anlagen sind auch

1.

ortsfeste Feuerstätten,

2.

Werbeanlagen (§ 50),

3.

Warenautomaten, die von einer allgemein zugänglichen Verkehrs- oder Grünfläche aus sichtbar sind,

4.

Aufschüttungen, Abgrabungen und künstliche Hohlräume unterhalb der Erdoberfläche,

5.

Anlagen, die auf ortsfesten Bahnen begrenzt beweglich sind oder dazu bestimmt sind, vorwiegend ortsfest benutzt zu werden,

6.

Gerüste,

7.

Fahrradabstellanlagen (§ 48),

8.

Lagerplätze, Abstell- und Ausstellungsplätze,

9.

Stellplätze,

10.

Camping- und Wochenendplätze,

11.

Spiel- und Sportplätze,

12.

Freizeit- und Vergnügungsparks und

13.

sonstige Anlagen, die einen Zu- und Abgangsverkehr mit Kraftfahrzeugen erwarten lassen.

(2) Gebäude sind selbständig benutzbare, überdeckte bauliche Anlagen, die von Menschen betreten werden können und geeignet oder bestimmt sind, dem Schutz von Menschen, Tieren oder Sachen zu dienen.

(3) [1] Gebäude sind in folgende Gebäudeklassen eingeteilt:

1.

Gebäudeklasse 1:

a)

freistehende Gebäude mit einer Höhe bis zu 7 m und nicht mehr als zwei Nutzungseinheiten von insgesamt nicht mehr als 400 m² Grundfläche und

b)

freistehende land- oder forstwirtschaftlich genutzte Gebäude,

2.

Gebäudeklasse 2:

nicht freistehende Gebäude mit einer Höhe bis zu 7 m und nicht mehr als zwei Nutzungseinheiten von insgesamt nicht mehr als 400 m² Grundfläche,

3.

Gebäudeklasse 3:

sonstige Gebäude mit einer Höhe bis zu 7 m,

4.

Gebäudeklasse 4:

Gebäude mit einer Höhe bis zu 13 m und Nutzungseinheiten mit jeweils nicht mehr als 400 m² Grundfläche,

5.

Gebäudeklasse 5:

von den Nummern 1 bis 4 nicht erfasste sowie unterirdische Gebäude mit Aufenthaltsräumen.

[2] Gebäude ohne Aufenthaltsräume, die nicht unter Satz 1 Nr. 1 Buchst. b fallen, werden nach der Gesamtgrundfläche aller Geschosse entsprechend Satz 1 der Gebäudeklasse 1, 2 oder 3 zugeordnet. [3] Höhe im Sinne des Satzes 1 ist die Höhe der Fußbodenoberkante des höchstgelegenen Aufenthaltsraumes über der Geländeoberfläche im Mittel. [4] Führt ein Rettungsweg für das Gebäude über Rettungsgeräte der Feuerwehr, so ist die Höhe abweichend von Satz 3 die Höhe der Fußbodenoberkante des höchstgelegenen Aufenthaltsraumes über der Stelle der Geländeoberfläche, von der aus der Aufenthaltsraum über die Rettungsgeräte der Feuerwehr erreichbar ist. [5] Die Grundfläche im Sinne dieses Gesetzes ist die Brutto-Grundfläche; bei der Berechnung der Grundfläche nach Satz 1 bleiben Flächen in Kellergeschossen außer Betracht.

(4) Wohngebäude sind Gebäude, die nur Wohnungen oder deren Nebenzwecken dienende Räume, wie Garagen, enthalten.

(5) [1] Sonderbauten sind

1.

    Gebäude mit einer Höhe nach Absatz 3 Satz 3 von mehr als 22 m (Hochhäuser),

2.

    bauliche Anlagen mit einer Höhe von mehr als 30 m,

3.

    Gebäude mit mindestens einem Geschoss mit mehr als 1 600 m² Grundfläche, ausgenommen Wohngebäude und Garagen,

4.

    Verkaufsstätten, deren Verkaufsräume und Ladenstraßen eine Grundfläche von insgesamt mehr als 800 m² haben,

5.

    Gebäude mit mindestens einem Geschoss, das mit mehr als 400 m² seiner Grundfläche Büro- oder Verwaltungszwecken dient,

6.

Gebäude mit mindestens einem Raum, der der Nutzung durch mehr als 100 Personen dient,

7.

Versammlungsstätten

a)

mit einem Versammlungsraum, der mehr als 200 Besucherinnen und Besucher fasst, oder mit mehreren Versammlungsräumen, die insgesamt mehr als 200 Besucherinnen und Besucher fassen, wenn die Versammlungsräume einen gemeinsamen Rettungsweg haben,

b)

im Freien mit mindestens einer Fläche für Aufführungen oder mit einer Freisportanlage, deren Besucherbereich jeweils mehr als 1 000 Besucherinnen und Besucher fasst und ganz oder teilweise aus baulichen Anlagen besteht,

8.

Schank- und Speisegaststätten mit mehr als 40 Plätzen für Gäste, Beherbergungsstätten mit mehr als 12 Betten und Spielhallen mit mehr als 150 m² Grundfläche,

9.

Krankenhäuser, Heime und sonstige Einrichtungen zur Pflege, Betreuung oder Unterbringung von Personen,

10.

Tagesstätten für Kinder, Menschen mit Behinderungen oder alte Menschen,

11.

Schulen, Hochschulen und ähnliche Einrichtungen,

12.

Justizvollzugsanstalten und bauliche Anlagen für den Maßregelvollzug,

13.

Camping- und Wochenendplätze,

14.

Freizeit- und Vergnügungsparks,

15.

fliegende Bauten, soweit sie einer Ausführungsgenehmigung bedürfen,

16.

Regallager mit einer zulässigen Höhe der Oberkante des Lagergutes von mehr als 7,50 m,

17.

bauliche Anlagen, deren Nutzung mit erhöhter Verkehrsgefahr oder wegen des Umgangs mit Stoffen oder der Lagerung von Stoffen mit Explosions- oder Gesundheitsgefahr oder erhöhter Strahlen- oder Brandgefahr verbunden ist,

18.

bauliche Anlagen und Räume, von denen wegen ihrer Art oder ihrer Nutzung Gefahren ausgehen, die den Gefahren ähnlich sind, die von den in den Nummern 1 bis 17 genannten baulichen Anlagen und Räumen ausgehen.

[2] Sonderbauten sind auch die nach dem Bundes-Immissionsschutzgesetz genehmigungsbedürftigen Anlagen, soweit sie bauliche Anlagen sind.

13

(6) [1] Ein oberirdisches Geschoss ist ein Geschoss, dessen Deckenoberkante im Mittel mehr als 1,40 m über die Geländeoberfläche hinausragt. [2] Ein Kellergeschoss ist ein Geschoss, das die Anforderungen nach Satz 1 nicht erfüllt.

(7) [1] Vollgeschoss ist ein oberirdisches Geschoss, das über mindestens der Hälfte seiner Grundfläche eine lichte Höhe von 2,20 m oder mehr hat. [2] Ein oberstes Geschoss ist nur dann ein Vollgeschoss, wenn es die in Satz 1 genannte lichte Höhe über mehr als zwei Dritteln der Grundfläche des darunter liegenden Geschosses hat. [3] Zwischendecken oder Zwischenböden, die unbegehbare Hohlräume von einem Geschoss abtrennen, bleiben bei Anwendung der Sätze 1 und 2 unberücksichtigt. [4] Hohlräume zwischen der obersten Decke und der Dachhaut, in denen Aufenthaltsräume wegen der erforderlichen lichten Höhe nicht möglich sind, gelten nicht als oberste Geschosse.

(8) Aufenthaltsraum ist ein Raum, der zum nicht nur vorübergehenden Aufenthalt von Menschen bestimmt oder geeignet ist.

(9) [1] Ein Stellplatz ist eine im Freien außerhalb der öffentlichen Verkehrsflächen gelegene Fläche zum Abstellen von Kraftfahrzeugen. [2] Ein Einstellplatz ist eine Fläche zum Abstellen eines Kraftfahrzeuges auf einem Stellplatz oder in einer Garage.

(10) [1] Garagen sind Gebäude oder Gebäudeteile zum Abstellen von Kraftfahrzeugen. [2] Garagen sind auch Parkhäuser. [3] Ausstellungs-, Verkaufs-, Werk- und Lagerräume für Kraftfahrzeuge sind keine Garagen.

(11) Eine Feuerstätte ist eine ortsfeste oder ortsfest benutzte Anlage oder Einrichtung in oder an einem Gebäude, die dazu bestimmt ist, durch Verbrennung Wärme zu erzeugen.

(12) [1] Baugrundstück ist das Grundstück im Sinne des Bürgerlichen Rechts, auf dem eine Baumaßnahme durchgeführt wird oder auf dem sich eine bauliche Anlage befindet. [2] Das Baugrundstück kann auch aus mehreren aneinander grenzenden Grundstücken bestehen, wenn und solange durch Baulast gesichert ist, dass alle baulichen Anlagen auf den Grundstücken das öffentliche Baurecht so einhalten, als wären die Grundstücke ein Grundstück.

(13) Baumaßnahme ist die Errichtung, die Änderung, der Abbruch, die Beseitigung, die Nutzungsänderung oder die Instandhaltung einer baulichen Anlage oder eines Teils einer baulichen Anlage.

(14) Bauprodukte sind

1.

Baustoffe, Bauteile und Anlagen, die hergestellt werden, um dauerhaft in bauliche Anlagen eingebaut zu werden,

2.

aus Baustoffen und Bauteilen vorgefertigte Anlagen, die hergestellt werden, um mit dem Erdboden verbunden zu werden, wie Fertighäuser, Fertiggaragen und Silos.

(15) Bauart ist das Zusammenfügen von Bauprodukten zu baulichen Anlagen oder Teilen von baulichen Anlagen.

(16) Öffentliches Baurecht sind die Vorschriften dieses Gesetzes, die Vorschriften aufgrund dieses Gesetzes, das städtebauliche Planungsrecht und die sonstigen Vorschriften des öffentlichen Rechts, die Anforderungen an bauliche Anlagen, Bauprodukte oder Baumaßnahmen stellen oder die Bebaubarkeit von Grundstücken regeln.

§ 3
Allgemeine Anforderungen

(1) [1] Bauliche Anlagen müssen so angeordnet, beschaffen und für ihre Benutzung geeignet sein, dass die öffentliche Sicherheit nicht gefährdet wird. [2] Insbesondere dürfen Leben, Gesundheit sowie die natürlichen Lebensgrundlagen und die Tiere nicht bedroht werden. [3] Unzumutbare Belästigungen oder unzumutbare Verkehrsbehinderungen dürfen nicht entstehen.

(2) [1] Bauliche Anlagen müssen den allgemeinen Anforderungen an gesunde Wohn- und Arbeitsverhältnisse entsprechen. [2] Die Belange der Menschen mit Behinderungen, der alten Menschen, der Kinder und Jugendlichen sowie der Personen mit Kleinkindern sind zu berücksichtigen.

(3) Bauliche Anlagen dürfen nicht verunstaltet wirken und dürfen auch das Gesamtbild ihrer Umgebung nicht verunstalten.

(4) [1] Bauliche Anlagen dürfen erst in Gebrauch genommen werden, wenn sie sicher benutzbar sind. [2] Sie sind so instand zu halten, dass die Anforderungen nach den Absätzen 1 bis 3 gewahrt bleiben.

(5) [1] Baumaßnahmen sind so durchzuführen, dass die öffentliche Sicherheit nicht gefährdet wird. [2] Absatz 1 Sätze 2 und 3 gilt entsprechend. [3] Baumaßnahmen dürfen keine Verhältnisse schaffen, die den Anforderungen nach den Absätzen 1 bis 3 widersprechen.

(6) Nicht bebaute Flächen von Baugrundstücken sind so herzurichten und zu unterhalten, dass die Erfüllung der Anforderungen nach den Absätzen 1 bis 3 nicht beeinträchtigt wird.

(7) Bauprodukte dürfen nur verwendet und Bauarten nur angewendet werden, wenn bei ihrer Verwendung oder Anwendung die baulichen Anlagen bei ordnungsgemäßer Instandhaltung während einer dem Zweck entsprechenden angemessenen Zeitdauer die Anforderungen dieses Gesetzes oder aufgrund dieses Gesetzes erfüllen und gebrauchstauglich sind.

(8) Bauprodukte und Bauarten, die in Vorschriften eines anderen Mitgliedstaates der Europäischen Union oder eines anderen Vertragsstaates des Abkommens über den Europäischen Wirtschaftsraum genannten technischen Anforderungen entsprechen, dürfen verwendet oder angewendet werden, wenn das geforderte Schutzniveau in Bezug auf Sicherheit, Gesundheit und Gebrauchstauglichkeit gleichermaßen dauerhaft erreicht wird.

Zweiter Teil
Das Grundstück und seine Bebauung
§ 4
Zugänglichkeit des Baugrundstücks,
Anordnung und Zugänglichkeit der baulichen Anlagen

(1) Das Baugrundstück muss so an einer mit Kraftfahrzeugen befahrbaren öffentlichen Verkehrsfläche liegen oder einen solchen Zugang zu ihr haben, dass der von der baulichen Anlage ausgehende Zu- und Abgangsverkehr und der für den Brandschutz erforderliche Einsatz von Feuerlösch- und Rettungsgeräten jederzeit ordnungsgemäß und ungehindert möglich sind.

(2) [1] Ist das Baugrundstück nur über Flächen zugänglich, die nicht dem öffentlichen Verkehr gewidmet sind, so muss ihre Benutzung für diesen Zweck durch Baulast oder Miteigentum gesichert sein; bei Wohngebäuden der Gebäudeklassen 1 und 2 genügt eine Sicherung durch Grunddienstbarkeit. [2] Dies gilt auch, wenn der erforderliche Zugang zu einem Grundstück über ein anderes Grundstück führt, das mit ihm zusammen nach § 2 Abs. 12 Satz 2 ein Baugrundstück bildet.

(3) [1] Bauliche Anlagen müssen auf dem Baugrundstück so angeordnet sein, dass sie sicher zugänglich sind, das erforderliche Tageslicht erhalten und zweckentsprechend gelüftet werden können. [2] Für den Einsatz der Feuerlösch- und Rettungsgeräte muss die erforderliche Bewegungsfreiheit und Sicherheit gewährleistet sein.

(4) [1] Eine bauliche Anlage darf nicht auf mehreren Baugrundstücken gelegen sein. [2] Dies gilt nicht für einen Überbau, der nach § 21 a Abs. 1 des Niedersächsischen Nachbarrechtsgesetzes zu dulden ist.

§ 5
Grenzabstände

(1) [1] Gebäude müssen mit allen auf ihren Außenflächen oberhalb der Geländeoberfläche gelegenen Punkten von den Grenzen des Baugrundstücks Abstand halten. [2] Satz 1 gilt entsprechend für andere bauliche Anlagen, von denen Wirkungen wie von Gebäuden ausgehen, und Terrassen, soweit sie jeweils höher als 1 m über der Geländeoberfläche sind. [3] Der Abstand ist zur nächsten Lotrechten über der Grenzlinie zu messen. [4] Er richtet sich jeweils nach der Höhe des Punktes über der Geländeoberfläche (H). [5] Der Abstand darf auf volle 10 cm abgerundet werden.

(2) [1] Der Abstand beträgt 0,5 H, mindestens jedoch 3 m. [2] In Gewerbe- und Industriegebieten sowie in Gebieten, die nach ihrer Bebauung diesen Baugebieten entsprechen, beträgt der Abstand 0,25 H, mindestens jedoch 3 m. [3] Satz 2 gilt nicht für den Abstand von den Grenzen solcher Nachbargrundstücke, die ganz oder überwiegend außerhalb der genannten Gebiete liegen.

(3) Der Abstand nach den Absätzen 1 und 2 darf unterschritten werden von

1.

Dachüberständen und Gesimsen um nicht mehr als 0,50 m,

2.

Eingangsüberdachungen, Hauseingangstreppen, Balkonen, sonstigen Vorbauten und anderen vortretenden Gebäudeteilen, wenn die Gebäudeteile insgesamt nicht mehr als ein Drittel der Breite der jeweiligen Außenwand in Anspruch nehmen, um nicht mehr als 1,50 m, höchstens jedoch um ein Drittel.

(4) [1] Bei der Bemessung des erforderlichen Abstands bleiben folgende Gebäudeteile außer Betracht:

1.

Schornsteine, wenn sie untergeordnet sind, Antennen, Geländer, Abgas- und Abluftleitungen,

2.

Giebeldreiecke und entsprechende andere Giebelformen soweit sie, waagerecht gemessen, nicht mehr als 6 m breit sind.

[2] Außer Betracht bleiben ferner

1.

Außenwandbekleidungen, soweit sie den Abstand um nicht mehr als 0,25 m unterschreiten, und

2.

Bedachungen, soweit sie um nicht mehr als 0,25 m angehoben werden,

wenn der Abstand infolge einer Baumaßnahme zum Zweck des Wärmeschutzes oder der Energieeinsparung bei einem vorhandenen Gebäude unterschritten wird.

(5) [1] Soweit ein Gebäude nach städtebaulichem Planungsrecht ohne Grenzabstand errichtet werden muss, ist Absatz 1 Satz 1 nicht anzuwenden. [2] Soweit ein Gebäude nach städtebaulichem Planungsrecht ohne Grenzabstand errichtet werden darf, ist es

abweichend von Absatz 1 Satz 1 an der Grenze zulässig, wenn durch Baulast gesichert ist, dass auf dem Nachbargrundstück entsprechend an diese Grenze gebaut wird, oder wenn auf dem Nachbargrundstück ein Gebäude ohne Abstand an der Grenze vorhanden ist und die neue Grenzbebauung der vorhandenen, auch in der Nutzung, entspricht.

(6) Erhebt sich über einen nach Absatz 5 an eine Grenze gebauten Gebäudeteil ein nicht an diese Grenze gebauter Gebäudeteil, so ist für dessen Abstand von dieser Grenze abweichend von Absatz 1 Satz 4 die Höhe des Punktes über der Oberfläche des niedrigeren Gebäudeteils an der Grenze maßgebend.

(7) [1] Ist ein Gebäude nach Absatz 5 Satz 1 an eine Grenze gebaut, so sind nicht an diese Grenze gebaute Teile des Gebäudes, die unter Absatz 3 fallen, in beliebigem Abstand von dieser Grenze zulässig. [2] Ist ein Gebäude nach Absatz 5 Satz 2 an eine Grenze gebaut, so darf der nach Absatz 3 einzuhaltende Abstand der dort genannten Gebäudeteile von dieser Grenze weiter verringert werden, wenn der Nachbar zugestimmt hat. [3] Sind im Fall des Satzes 2 auf dem Nachbargrundstück entsprechende Gebäudeteile mit verringertem Abstand vorhanden, so darf der Abstand in gleichem Maß verringert werden.

(8) [1] Abstand brauchen nicht zu halten

1.

Stützmauern, Aufschüttungen und Einfriedungen in Gewerbe- und Industriegebieten, außerhalb dieser Baugebiete mit einer Höhe bis zu 2 m, und

2.

Gebäude und Einfriedungen in Baugebieten, in denen nach dem Bebauungsplan nur Gebäude mit einem fremder Sicht entzogenen Gartenhof zulässig sind, soweit sie nicht höher als 3,50 m sind.

[2] Ohne Abstand oder mit einem bis auf 1 m verringerten Abstand von der Grenze sind zulässig

1.

Garagen und Gebäude ohne Aufenthaltsräume und Feuerstätten mit einer Höhe bis zu 3 m und

2.

Solaranlagen, die nicht Teil eines Gebäudes sind, mit einer Höhe bis zu 3 m.

[3] Bauliche Anlagen nach Satz 2 dürfen den Abstand nach Absatz 2 auf einer Gesamtlänge von 9 m je Grundstücksgrenze, auf einem Baugrundstück insgesamt jedoch nur auf einer Länge von 15 m unterschreiten. [4] Bei Anwendung der Sätze 2 und 3 sind nach Absatz 5 Satz 2 ohne Abstand an eine Grenze gebaute Gebäude der in Satz 2 Nr. 1 genannten Art anzurechnen. [5] Bei Anwendung des Satzes 1 Nr. 2 gilt Absatz 2 Satz 3 entsprechend.

(9) [1] Die nach den Absätzen 1 bis 8 und den §§ 6 und 7 maßgebliche Höhe der Geländeoberfläche ist die der gewachsenen Geländeoberfläche. [2] Eine Veränderung dieser Geländeoberfläche durch Abgrabung ist zu berücksichtigen, eine Veränderung durch Aufschüttung dagegen nur, wenn die Geländeoberfläche dadurch an die vorhandene oder genehmigte Geländeoberfläche des Nachbargrundstücks angeglichen wird. [3] Die Bauaufsichtsbehörde setzt die Höhe der Geländeoberfläche fest, soweit dies erforderlich ist. [4] Dabei kann sie unter Würdigung nachbarlicher Belange den Anschluss an die Verkehrsflächen und die Abwasserbeseitigungsanlagen sowie Aufschüttungen berücksichtigen, die wegen des vorhandenen Geländeverlaufs gerechtfertigt sind.

§ 6
Hinzurechnung benachbarter Grundstücke

(1) [1] Benachbarte Verkehrsflächen öffentlicher Straßen dürfen für die Bemessung des Grenzabstandes bis zu ihrer Mittellinie dem Baugrundstück zugerechnet werden, unter den Voraussetzungen des Absatzes 2 auch über die Mittellinie hinaus. [2] Mit Zustimmung der Eigentümer dürfen öffentliche Grün- und Wasserflächen sowie Betriebsflächen öffentlicher Eisenbahnen und Straßenbahnen entsprechend Satz 1 zugerechnet werden.

(2) Andere benachbarte Grundstücke dürfen für die Bemessung des Grenzabstandes dem Baugrundstück bis zu einer gedachten Grenze zugerechnet werden, wenn durch Baulast gesichert ist, dass auch bauliche Anlagen auf dem benachbarten Grundstück den vorgeschriebenen Abstand von dieser Grenze halten.

§ 7
Abstände auf demselben Baugrundstück

(1) [1] Zwischen Gebäuden auf demselben Baugrundstück, die nicht unmittelbar aneinander gebaut sind, muss ein Abstand gehalten werden, der so zu bemessen ist, als verliefe zwischen ihnen eine Grenze. [2] Satz 1 gilt entsprechend für andere bauliche Anlagen, von denen Wirkungen wie von Gebäuden ausgehen, und Terrassen, soweit sie jeweils höher als 1 m über der Geländeoberfläche sind.

(2) Der Abstand nach Absatz 1 darf, soweit hinsichtlich des Brandschutzes, des Tageslichts und der Lüftung keine Bedenken bestehen, unterschritten werden

1.

auf einem Baugrundstück, das in einem durch Bebauungsplan festgesetzten Gewerbe- oder Industriegebiet liegt oder entsprechend genutzt werden darf, zwischen Gebäuden, die in den genannten Gebieten allgemein zulässig sind,

2.

zwischen land- oder forstwirtschaftlich genutzten Gebäuden ohne Aufenthaltsräume,

3.

von baulichen Anlagen nach § 5 Abs. 8 Satz 2.

(3) [1] Wenn Teile desselben Gebäudes oder aneinander gebauter Gebäude auf demselben Baugrundstück einander in einem Winkel von weniger als 75 Grad zugekehrt sind, muss zwischen ihnen Abstand nach Absatz 1 gehalten werden. [2] Dies gilt nicht für Dachgauben, Balkone und sonstige geringfügig vor- oder zurücktretende Teile desselben Gebäudes. [3] Die Abstände nach Satz 1 dürfen unterschritten werden, soweit die Teile des Gebäudes keine Öffnungen zu Aufenthaltsräumen haben und der Brandschutz und eine ausreichende Belüftung gewährleistet sind.

(4) Zwischen einander in einem Winkel von weniger als 120 Grad zugekehrten Fenstern von Aufenthaltsräumen eines Gebäudes oder aneinander gebauter Gebäude auf demselben Baugrundstück muss ein Abstand von mindestens 6 m gehalten werden, wenn die Aufenthaltsräume dem Wohnen dienen und nicht zu derselben Wohnung gehören.

(5) Die Absätze 1 bis 3 gelten nicht für fliegende Bauten.

§ 8
Grundstücksteilungen

(1) Durch die Teilung eines Grundstücks, das bebaut ist oder dessen Bebauung genehmigt ist, dürfen keine Verhältnisse geschaffen werden, die den Vorschriften dieses Gesetzes oder aufgrund dieses Gesetzes erlassenen Vorschriften zuwiderlaufen.

(2) Soll bei einer Teilung eines Grundstücks nach Absatz 1 von Vorschriften dieses Gesetzes oder von aufgrund dieses Gesetzes erlassenen Vorschriften abgewichen werden, so ist § 66 entsprechend anzuwenden.

§ 9
Nicht überbaute Flächen, Kinderspielplätze

(1) [1] Die nicht überbauten Flächen von Baugrundstücken sind so herzurichten und zu unterhalten, dass sie nicht verunstaltet wirken und auch ihre Umgebung nicht verunstalten. [2] Dies gilt auch für die nicht im Außenbereich gelegenen, nach öffentlichem Baurecht bebaubaren Grundstücke.

(2) Die nicht überbauten Flächen der Baugrundstücke müssen Grünflächen sein, soweit sie nicht für eine andere zulässige Nutzung erforderlich sind.

(3) [1] Wird ein Gebäude mit mehr als fünf Wohnungen errichtet, so ist auf dem Baugrundstück oder in unmittelbarer Nähe auf einem anderen Grundstück, dessen dauerhafte Nutzung für diesen Zweck durch Baulast gesichert sein muss, ein ausreichend großer Spielplatz für Kinder im Alter bis zu sechs Jahren anzulegen. [2] Dies gilt nicht, wenn in unmittelbarer Nähe ein sonstiger für die Kinder nutzbarer Spielplatz geschaffen wird oder bereits vorhanden ist oder ein solcher Spielplatz wegen der Art und der Lage der Wohnungen nicht erforderlich ist. [3] Bei einem bestehenden Gebäude mit mehr als fünf Wohnungen kann die Herstellung eines Spielplatzes für Kinder im Alter bis zu sechs Jahren verlangt werden.

(4) [1] Stellplätze, deren Zu- und Abfahrten und Fahrgassen sowie die Zu- und Abfahrten von Garagen dürfen, wenn die Versickerung des Niederschlagswassers nicht auf andere Weise ermöglicht wird, nur eine Befestigung haben, durch die das Niederschlagswasser

mindestens zum überwiegenden Teil versickern kann. [2] Satz 1 gilt nicht, soweit die Flächen für das Warten von Kraftfahrzeugen oder ähnliche Arbeiten, die das Grundwasser verunreinigen können, genutzt werden.

Dritter Teil

Allgemeine Anforderungen an Baumaßnahmen

und bauliche Anlagen

§ 10

Gestaltung baulicher Anlagen

Bauliche Anlagen sind in der Form, im Maßstab, im Verhältnis der Baumassen und Bauteile zueinander, im Werkstoff einschließlich der Art seiner Verarbeitung und in der Farbe so durchzubilden, dass sie weder verunstaltet wirken noch das bestehende oder geplante Straßen-, Orts- oder Landschaftsbild verunstalten.

§ 11

Einrichtung der Baustelle

(1) [1] Bei Baumaßnahmen müssen die Teile der Baustellen, auf denen unbeteiligte Personen gefährdet werden können, abgegrenzt oder durch Warnzeichen gekennzeichnet sein. [2] Soweit es aus Sicherheitsgründen erforderlich ist, müssen Baustellen ganz oder teilweise mit Bauzäunen abgegrenzt, mit Schutzvorrichtungen gegen herabfallende Gegenstände versehen und beleuchtet sein.

(2) [1] Öffentliche Verkehrsflächen, Versorgungs-, Abwasserbeseitigungs-, Telekommunikations- und Rundfunkanlagen sowie Grundwassermessstellen, Grenz- und Vermessungsmale sind während der Bauausführung zu schützen und, soweit erforderlich, unter den notwendigen Sicherungsvorkehrungen zugänglich zu halten. [2] Bäume, Hecken und sonstige Bepflanzungen, die aufgrund anderer Rechtsvorschriften zu erhalten sind, müssen während der Bauausführung geschützt werden.

(3) [1] Vor der Durchführung nicht verfahrensfreier Baumaßnahmen hat die Bauherrin oder der Bauherr auf dem Baugrundstück ein von der öffentlichen Verkehrsfläche (§ 4 Abs. 1) aus lesbares Schild dauerhaft anzubringen, das die Bezeichnung der Baumaßnahme und die Namen und Anschriften der Bauherrin oder des Bauherrn, der Entwurfsverfasserin oder des Entwurfsverfassers, der Bauleiterin oder des Bauleiters und der

Unternehmerinnen und Unternehmer enthält (Bauschild). [2] Liegt das Baugrundstück nicht an einer öffentlichen Verkehrsfläche, so genügt es, wenn das Bauschild von dem Zugang zum Baugrundstück aus lesbar ist. [3] Unternehmerinnen und Unternehmer für geringfügige Bauarbeiten brauchen auf dem Bauschild nicht angegeben zu werden.

§ 12
Standsicherheit

(1) [1] Jede bauliche Anlage muss im Ganzen, in ihren einzelnen Teilen und für sich allein dem Zweck entsprechend dauerhaft standsicher sein. [2] Die Standsicherheit anderer baulicher Anlagen und die Tragfähigkeit des Baugrundes der Nachbargrundstücke dürfen nicht gefährdet werden.

(2) Gemeinsame Bauteile für mehrere bauliche Anlagen sind zulässig, wenn technisch gesichert ist, dass die gemeinsamen Bauteile beim Abbruch einer der baulichen Anlagen stehen bleiben können.

§ 13
Schutz gegen schädliche Einflüsse

[1] Bauliche Anlagen müssen so angeordnet, beschaffen und gebrauchstauglich sein, dass durch chemische, physikalische oder biologische Einflüsse, insbesondere Wasser, Feuchtigkeit, pflanzliche oder tierische Schädlinge, Gefahren oder unzumutbare Belästigungen nicht entstehen. [2] Das Baugrundstück muss für die bauliche Anlage entsprechend geeignet sein.

§ 14
Brandschutz

[1] Bauliche Anlagen müssen so errichtet, geändert und instand gehalten werden und so angeordnet, beschaffen und für ihre Benutzung geeignet sein, dass der Entstehung eines Brandes sowie der Ausbreitung von Feuer und Rauch (Brandausbreitung) vorgebeugt wird und bei einem Brand die Rettung von Menschen und Tieren sowie wirksame Löscharbeiten möglich sind. [2] Soweit die Mittel der Feuerwehr zur Rettung von Menschen nicht ausreichen, sind stattdessen geeignete bauliche Vorkehrungen zu treffen.

§ 15

Schall-, Wärme- und Erschütterungsschutz

(1) Bauliche Anlagen müssen einen für ihre Benutzung ausreichenden Schall- und Wärmeschutz bieten.

(2) Von technischen Bauteilen und ortsfesten Einrichtungen in baulichen Anlagen oder auf Baugrundstücken wie von Anlagen für Wasserversorgung, Abwässer oder Abfallstoffe, von Heizungs- oder Lüftungsanlagen und von Aufzügen dürfen, auch für Nachbarn, keine Gefahren oder unzumutbare Belästigungen durch Geräusche, Erschütterungen oder Schwingungen ausgehen.

§ 16

Verkehrssicherheit

(1) Bauliche Anlagen sowie Verkehrsflächen in baulichen Anlagen und auf dem Baugrundstück müssen verkehrssicher sein.

(2) Die Sicherheit und Leichtigkeit des öffentlichen Verkehrs darf durch bauliche Anlagen oder deren Nutzung nicht gefährdet werden.

Vierter Teil

Bauprodukte und Bauarten

§ 17

Bauprodukte

(1) [1] Bauprodukte dürfen für die Errichtung, Änderung und Instandhaltung baulicher Anlagen nur verwendet werden, wenn sie für den Verwendungszweck

1.

   von den nach Absatz 2 bekannt gemachten technischen Regeln nicht oder nicht wesentlich abweichen (geregelte Bauprodukte) oder nach Absatz 3 zulässig sind und wenn sie aufgrund des Übereinstimmungsnachweises nach § 22 das Übereinstimmungszeichen tragen oder

2.

25

nach den Vorschriften

a)

der Verordnung (EU) Nr. 305/2011 des Europäischen Parlaments und des
Rates vom 9. März 2011 zur Festlegung harmonisierter Bedingungen für die
Vermarktung von Bauprodukten und zur Aufhebung der Richtlinie 89/106/EG
des Rates (ABl. EU Nr. L 88 S. 5) - im Folgenden: Bauproduktenverordnung -,

b)

des Bauproduktengesetzes,

c)

zur Umsetzung der Richtlinie 89/106/EWG des Rates vom 21. Dezember 1988
zur Angleichung der Rechts- und Verwaltungsvorschriften der Mitgliedstaaten
über Bauprodukte (ABl. EG Nr. L 40 S. 12) - im Folgenden:
Bauproduktenrichtlinie - durch andere Mitgliedstaaten der Europäischen Union
oder andere Vertragsstaaten des Abkommens über den Europäischen
Wirtschaftsraum oder

d)

zur Umsetzung sonstiger Richtlinien der Europäischen Union, soweit diese die
wesentlichen Anforderungen an Bauprodukte nach dem Bauproduktengesetz
oder die Grundanforderungen an Bauwerke gemäß Anhang I der
Bauproduktenverordnung berücksichtigen,

in den Verkehr gebracht und gehandelt werden dürfen, insbesondere das CE-
Zeichen der Europäischen Union tragen und dieses Zeichen die nach Absatz 7 Nr. 1
festgelegten Klassen und Leistungsstufen oder -klassen ausweist oder die Leistung
des Bauprodukts angibt.

[2] Sonstige Bauprodukte, die von allgemein anerkannten Regeln der Technik nicht
abweichen, dürfen auch verwendet werden, wenn diese Regeln nicht in der Bauregelliste

A bekannt gemacht sind. [3] Sonstige Bauprodukte, die von allgemein anerkannten Regeln der Technik abweichen, bedürfen keines Nachweises ihrer Verwendbarkeit nach Absatz 3.

(2) [1] Das Deutsche Institut für Bautechnik macht im Einvernehmen mit der obersten Bauaufsichtsbehörde für Bauprodukte, für die nicht nur die Vorschriften nach Absatz 1 Satz 1 Nr. 2 maßgebend sind, in der Bauregelliste A die technischen Regeln bekannt, die zur Erfüllung der in diesem Gesetz und in Vorschriften aufgrund dieses Gesetzes an bauliche Anlagen gestellten Anforderungen erforderlich sind. [2] Diese technischen Regeln gelten als Technische Baubestimmungen im Sinne des § 83.

(3) [1] Bauprodukte, für die technische Regeln in der Bauregelliste A nach Absatz 2 bekannt gemacht worden sind und die von diesen wesentlich abweichen oder für die es Technische Baubestimmungen oder allgemein anerkannte Regeln der Technik nicht gibt (nicht geregelte Bauprodukte), müssen

1.

   eine allgemeine bauaufsichtliche Zulassung (§ 18),

2.

   ein allgemeines bauaufsichtliches Prüfzeugnis (§ 19) oder

3.

   eine Zustimmung im Einzelfall (§ 20 Satz 1) oder eine Erklärung nach § 20 Satz 2

haben. [2] Bauprodukte, die für die Erfüllung der Anforderungen dieses Gesetzes oder aufgrund dieses Gesetzes nur eine untergeordnete Bedeutung haben und die das Deutsche Institut für Bautechnik im Einvernehmen mit der obersten Bauaufsichtsbehörde in einer Liste C bekannt gemacht hat, dürfen auch ohne Nachweis ihrer Verwendbarkeit nach Satz 1 verwendet werden.

(4) Die oberste Bauaufsichtsbehörde kann durch Verordnung vorschreiben, dass für bestimmte Bauprodukte, soweit sie Anforderungen nach anderen Rechtsvorschriften unterliegen, hinsichtlich dieser Anforderungen bestimmte Nachweise der Verwendbarkeit und bestimmte Übereinstimmungsnachweise nach Maßgabe der §§ 17 bis 20 und 22 bis

25 zu führen sind, wenn die anderen Rechtsvorschriften diese Nachweise verlangen oder zulassen.

(5) [1] Bei Bauprodukten nach Absatz 1 Satz 1 Nr. 1, deren Herstellung in außergewöhnlichem Maß von der Sachkunde und Erfahrung der damit betrauten Personen oder von einer Ausstattung mit besonderen Vorrichtungen abhängt, kann in der allgemeinen bauaufsichtlichen Zulassung, in der Zustimmung im Einzelfall oder durch Verordnung der obersten Bauaufsichtsbehörde vorgeschrieben werden, dass der Hersteller über die erforderlichen Fachkräfte und Vorrichtungen zu verfügen und den Nachweis hierüber gegenüber einer Prüfstelle nach § 25 zu erbringen hat. [2] In der Verordnung können Mindestanforderungen an die Ausbildung, die durch Prüfung nachzuweisende Befähigung und die Ausbildungsstätten einschließlich der Anerkennungsvoraussetzungen gestellt werden.

(6) Für Bauprodukte, die wegen ihrer besonderen Eigenschaften oder ihres besonderen Verwendungszwecks einer außergewöhnlichen Sorgfalt bei Einbau, Transport, Instandhaltung oder Reinigung bedürfen, kann in der allgemeinen bauaufsichtlichen Zulassung, in der Zustimmung im Einzelfall oder durch Verordnung der obersten Bauaufsichtsbehörde die Überwachung dieser Tätigkeiten durch eine Überwachungsstelle nach § 25 vorgeschrieben werden.

(7) Das Deutsche Institut für Bautechnik kann im Einvernehmen mit der obersten Bauaufsichtsbehörde in der Bauregelliste B

1.

festlegen, welche der Klassen und Leistungsstufen oder -klassen, die in Normen, Leitlinien oder europäischen technischen Zulassungen nach dem Bauproduktengesetz, in anderen Vorschriften zur Umsetzung von Richtlinien der Europäischen Union oder in Normen oder Rechtsakten nach Artikel 27 der Bauproduktenverordnung enthalten sind, Bauprodukte nach Absatz 1 Satz 1 Nr. 2 erfüllen müssen, und

2.

bekannt machen, inwieweit andere Vorschriften zur Umsetzung von Richtlinien der Europäischen Union die wesentlichen Anforderungen an Bauprodukte nach dem

Bauproduktengesetz oder die Grundanforderungen an Bauwerke gemäß Anhang I der Bauproduktenverordnung nicht berücksichtigen.

§ 18
Allgemeine bauaufsichtliche Zulassung

(1) Das Deutsche Institut für Bautechnik erteilt auf Antrag eine allgemeine bauaufsichtliche Zulassung für nicht geregelte Bauprodukte, wenn deren Verwendbarkeit im Sinne des § 3 Abs. 7 nachgewiesen ist.

(2) [1] Die zur Begründung des Antrags erforderlichen Unterlagen sind beizufügen. [2] Soweit erforderlich, sind Probestücke von der Antragstellerin oder dem Antragsteller zur Verfügung zu stellen oder durch Sachverständige, die das Deutsche Institut für Bautechnik bestimmen kann, zu entnehmen oder Probeausführungen unter Aufsicht der Sachverständigen herzustellen. [3] § 69 Abs. 2 gilt entsprechend.

(3) Das Deutsche Institut für Bautechnik kann für die Durchführung der Prüfung die sachverständige Stelle und für Probeausführungen die Ausführungsstelle und Ausführungszeit vorschreiben.

(4) [1] Die allgemeine bauaufsichtliche Zulassung wird widerruflich und für eine bestimmte Frist erteilt, die in der Regel fünf Jahre beträgt. [2] Die Zulassung kann mit Nebenbestimmungen erteilt werden. [3] Die Befristung kann auf schriftlichen Antrag in der Regel um fünf Jahre verlängert werden; § 71 Satz 4 gilt entsprechend.

(5) Die Zulassung wird unbeschadet der privaten Rechte Dritter erteilt.

(6) Das Deutsche Institut für Bautechnik macht die von ihm erteilten allgemeinen bauaufsichtlichen Zulassungen nach Gegenstand und wesentlichem Inhalt öffentlich bekannt.

(7) Allgemeine bauaufsichtliche Zulassungen nach dem Recht anderer Länder gelten auch in Niedersachsen.

§ 19
Allgemeines bauaufsichtliches Prüfzeugnis

(1) [1] Nicht geregelte Bauprodukte,

1.

deren Verwendung nicht der Erfüllung erheblicher Anforderungen an die Sicherheit baulicher Anlagen dient, oder

2.

die nach allgemein anerkannten Prüfverfahren beurteilt werden,

bedürfen anstelle einer allgemeinen bauaufsichtlichen Zulassung nur eines allgemeinen bauaufsichtlichen Prüfzeugnisses. [2] Das Deutsche Institut für Bautechnik macht dies mit der Angabe der maßgebenden technischen Regeln und, soweit es keine allgemein anerkannten Regeln der Technik gibt, mit der Bezeichnung der Bauprodukte im Einvernehmen mit der obersten Bauaufsichtsbehörde in der Bauregelliste A bekannt.

(2) [1] Ein allgemeines bauaufsichtliches Prüfzeugnis wird von einer Prüfstelle nach § 25 Satz 1 Nr. 1 für nicht geregelte Bauprodukte nach Absatz 1 erteilt, wenn deren Verwendbarkeit im Sinne des § 3 Abs. 7 nachgewiesen ist. [2] § 18 Abs. 2 bis 7 gilt entsprechend.

§ 20
Nachweis der Verwendbarkeit von Bauprodukten im Einzelfall

[1] Mit Zustimmung der obersten Bauaufsichtsbehörde dürfen im Einzelfall

1.

Bauprodukte, die nach Vorschriften zur Umsetzung von Richtlinien der Europäischen Union oder auf der Grundlage von unmittelbar geltendem Recht der Europäischen Union in Verkehr gebracht und gehandelt werden dürfen, jedoch die wesentlichen Anforderungen an Bauprodukte nach dem Bauproduktengesetz oder die Grundanforderungen an Bauwerke gemäß Anhang I der Bauproduktenverordnung nicht berücksichtigen, und

2.

nicht geregelte Bauprodukte

verwendet werden, wenn ihre Verwendbarkeit im Sinne des § 3 Abs. 7 nachgewiesen ist. [2] Wenn Gefahren im Sinne des § 3 Abs. 1 nicht zu erwarten sind, kann die oberste Bauaufsichtsbehörde im Einzelfall erklären, dass ihre Zustimmung nicht erforderlich ist.

§ 21
Bauarten

(1) [1] Bauarten, die von Technischen Baubestimmungen wesentlich abweichen oder für die es allgemein anerkannte Regeln der Technik nicht gibt (nicht geregelte Bauarten), dürfen bei der Errichtung, Änderung und Instandhaltung baulicher Anlagen nur angewendet werden, wenn für sie

1.

eine allgemeine bauaufsichtliche Zulassung oder

2.

eine Zustimmung im Einzelfall

erteilt worden ist. [2] Anstelle einer allgemeinen bauaufsichtlichen Zulassung genügt ein allgemeines bauaufsichtliches Prüfzeugnis, wenn die Bauart nicht der Erfüllung erheblicher Anforderungen an die Sicherheit baulicher Anlagen dient oder nach allgemein anerkannten Prüfverfahren beurteilt wird. [3] Das Deutsche Institut für Bautechnik macht diese Bauarten mit der Angabe der maßgebenden technischen Regeln und, soweit es keine allgemein anerkannten Regeln der Technik gibt, mit der Bezeichnung der Bauarten im Einvernehmen mit der obersten Bauaufsichtsbehörde in der Bauregelliste A bekannt. [4] § 17 Abs. 5 und 6 sowie die §§ 18, 19 Abs. 2 und § 20 gelten entsprechend. [5] Wenn Gefahren im Sinne des § 3 Abs. 1 nicht zu erwarten sind, kann die oberste Bauaufsichtsbehörde im Einzelfall oder für genau begrenzte Fälle allgemein festlegen, dass eine allgemeine bauaufsichtliche Zulassung, ein allgemeines bauaufsichtliches Prüfzeugnis oder eine Zustimmung im Einzelfall nicht erforderlich ist.

(2) Die oberste Bauaufsichtsbehörde kann durch Verordnung vorschreiben, dass für bestimmte Bauarten, soweit sie Anforderungen nach anderen Rechtsvorschriften unterliegen, Absatz 1 ganz oder teilweise anwendbar ist, wenn die anderen Rechtsvorschriften dies verlangen oder zulassen.

§ 22
Übereinstimmungsnachweis

(1) Bauprodukte bedürfen einer Bestätigung ihrer Übereinstimmung mit den technischen Regeln nach § 17 Abs. 2, den allgemeinen bauaufsichtlichen Zulassungen, den allgemeinen bauaufsichtlichen Prüfzeugnissen oder den Zustimmungen im Einzelfall; als Übereinstimmung gilt auch eine Abweichung, die nicht wesentlich ist.

(2) [1] Die Bestätigung der Übereinstimmung erfolgt durch

1.

eine Übereinstimmungserklärung des Herstellers (§ 23) oder

2.

ein Übereinstimmungszertifikat (§ 24).

[2] Die Bestätigung durch ein Übereinstimmungszertifikat kann in der Bauregelliste A, in der allgemeinen bauaufsichtlichen Zulassung oder in der Zustimmung im Einzelfall vorgeschrieben werden, wenn dies zum Nachweis einer ordnungsgemäßen Herstellung erforderlich ist. [3] Bauprodukte, die nicht in Serie hergestellt werden, bedürfen nur der Übereinstimmungserklärung des Herstellers nach § 23 Abs. 1, sofern nichts anderes bestimmt ist. [4] Die oberste Bauaufsichtsbehörde kann im Einzelfall die Verwendung von Bauprodukten ohne das erforderliche Übereinstimmungszertifikat gestatten, wenn nachgewiesen ist, dass diese Bauprodukte den technischen Regeln, Zulassungen, Prüfzeugnissen oder Zustimmungen nach Absatz 1 entsprechen.

(3) Für Bauarten gelten die Absätze 1 und 2 entsprechend.

(4) Die Übereinstimmungserklärung und die Erklärung, dass ein Übereinstimmungszertifikat erteilt ist, hat der Hersteller durch Kennzeichnung der

Bauprodukte mit dem Übereinstimmungszeichen (Ü-Zeichen) unter Hinweis auf den Verwendungszweck abzugeben.

(5) Das Ü-Zeichen ist auf dem Bauprodukt, auf einem Beipackzettel oder auf seiner Verpackung oder, wenn dies Schwierigkeiten bereitet, auf dem Lieferschein oder auf einer Anlage zum Lieferschein anzubringen.

(6) Ü-Zeichen aus anderen Ländern und aus anderen Staaten gelten auch in Niedersachsen.

(7) Die oberste Bauaufsichtsbehörde kann durch Verordnung das Ü-Zeichen festlegen und zu diesem Zeichen zusätzliche Angaben verlangen.

§ 23
Übereinstimmungserklärung des Herstellers

(1) Der Hersteller darf eine Übereinstimmungserklärung nur abgeben, wenn er durch werkseigene Produktionskontrolle sichergestellt hat, dass das von ihm hergestellte Bauprodukt den maßgebenden technischen Regeln, der allgemeinen bauaufsichtlichen Zulassung, dem allgemeinen bauaufsichtlichen Prüfzeugnis oder der Zustimmung im Einzelfall entspricht.

(2) [1] In den technischen Regeln nach § 17 Abs. 2, in der Bauregelliste A, in den allgemeinen bauaufsichtlichen Zulassungen, in den allgemeinen bauaufsichtlichen Prüfzeugnissen oder in den Zustimmungen im Einzelfall kann eine Prüfung der Bauprodukte durch eine Prüfstelle vor Abgabe der Übereinstimmungserklärung vorgeschrieben werden, wenn dies zur Sicherung einer ordnungsgemäßen Herstellung erforderlich ist. [2] In diesen Fällen hat die Prüfstelle das Bauprodukt daraufhin zu überprüfen, ob es den maßgebenden technischen Regeln, der allgemeinen bauaufsichtlichen Zulassung, dem allgemeinen bauaufsichtlichen Prüfzeugnis oder der Zustimmung im Einzelfall entspricht.

§ 24
Übereinstimmungszertifikat

(1) Ein Übereinstimmungszertifikat ist von einer Zertifizierungsstelle nach § 25 zu erteilen, wenn das Bauprodukt

1.

den maßgebenden technischen Regeln, der allgemeinen bauaufsichtlichen Zulassung, dem allgemeinen bauaufsichtlichen Prüfzeugnis oder der Zustimmung im Einzelfall entspricht und

2.

einer werkseigenen Produktionskontrolle sowie einer Fremdüberwachung nach Maßgabe des Absatzes 2 unterliegt.

(2) [1] Die Fremdüberwachung ist von Überwachungsstellen nach § 25 durchzuführen. [2] Im Rahmen der Fremdüberwachung ist regelmäßig zu überprüfen, ob das Bauprodukt den maßgebenden technischen Regeln, der allgemeinen bauaufsichtlichen Zulassung, dem allgemeinen bauaufsichtlichen Prüfzeugnis oder der Zustimmung im Einzelfall entspricht.

§ 25
Prüf-, Zertifizierungs- und Überwachungsstellen

[1] Die oberste Bauaufsichtsbehörde kann eine natürliche oder juristische Person oder eine Stelle als

1.

Prüfstelle für die Erteilung allgemeiner bauaufsichtlicher Prüfzeugnisse (§ 19 Abs. 2),

2.

Prüfstelle für die Überprüfung von Bauprodukten vor Abgabe der Übereinstimmungserklärung (§ 23 Abs. 2),

3.

Zertifizierungsstelle (§ 24 Abs. 1),

4.

Überwachungsstelle für die Fremdüberwachung (§ 24 Abs. 2),

5.

　　Überwachungsstelle für die Überwachung nach § 17 Abs. 6 oder

6.

　　Prüfstelle für die Überprüfung nach § 17 Abs. 5

anerkennen, wenn sie oder die bei ihr Beschäftigten nach ihrer Ausbildung, Fachkenntnis, persönlichen Zuverlässigkeit, ihrer Unparteilichkeit und ihren fachlichen Leistungen die Gewähr dafür bieten, dass die Aufgaben den öffentlich-rechtlichen Vorschriften entsprechend wahrgenommen werden, und wenn sie über die erforderlichen Vorrichtungen verfügen. [2] Satz 1 ist entsprechend auf Behörden anzuwenden, wenn sie ausreichend mit geeigneten Fachkräften besetzt und mit den erforderlichen Vorrichtungen ausgestattet sind. [3] Die Anerkennung von Prüf-, Zertifizierungs- und Überwachungsstellen anderer Länder gilt auch in Niedersachsen.

Fünfter Teil
Der Bau und seine Teile
§ 26
Brandverhalten von Baustoffen und
Feuerwiderstandsfähigkeit von Bauteilen

(1) [1] Baustoffe werden nach ihrem Brandverhalten unterschieden in nichtbrennbare und brennbare Baustoffe. [2] Brennbare Baustoffe werden unterschieden in schwerentflammbare und normalentflammbare Baustoffe. [3] Baustoffe, die nicht mindestens normalentflammbar sind (leichtentflammbare Baustoffe), dürfen nur verwendet werden, wenn sie durch die Art der Verarbeitung oder des Einbaus ausreichend gegen Entflammen geschützt sind.

(2) [1] Bauteile werden nach ihrer Feuerwiderstandsfähigkeit unterschieden in

1.

　　feuerbeständige Bauteile,

2.

hochfeuerhemmende Bauteile und

3.

feuerhemmende Bauteile.

[2] Die Feuerwiderstandsfähigkeit bezieht sich bei tragenden und aussteifenden Bauteilen auf deren Standsicherheit im Brandfall, bei raumabschließenden Bauteilen auf deren Widerstand gegen eine Brandausbreitung. [3] Bauteile werden zusätzlich nach dem Brandverhalten der verwendeten Baustoffe unterschieden in

1.

Bauteile aus nichtbrennbaren Baustoffen,

2.

Bauteile, deren tragende und aussteifende Teile aus nichtbrennbaren Baustoffen bestehen und die, wenn sie raumabschließende Bauteile sind, zusätzlich eine in Bauteilebene durchgehende Schicht aus nichtbrennbaren Baustoffen haben,

3.

Bauteile, deren tragende und aussteifende Teile aus brennbaren Baustoffen bestehen und die Dämmstoffe aus nichtbrennbaren Baustoffen und allseitig eine brandschutztechnisch wirksame Bekleidung aus nichtbrennbaren Baustoffen (Brandschutzbekleidung) haben, und

4.

Bauteile aus brennbaren Baustoffen.

(3) Soweit in diesem Gesetz oder in Vorschriften aufgrund dieses Gesetzes nichts anderes bestimmt ist, müssen in Bezug auf das Brandverhalten der verwendeten Baustoffe

1.

Bauteile, die feuerbeständig sein müssen, mindestens Absatz 2 Satz 3 Nr. 2 und

2.

Bauteile, die hochfeuerhemmend sein müssen, mindestens Absatz 2 Satz 3 Nr. 3

entsprechen.

§ 27
Wände und Stützen

(1) [1] Wände müssen die für ihre Standsicherheit und Belastung nötige Dicke, Festigkeit und Aussteifung haben und, soweit erforderlich, die bauliche Anlage aussteifen. [2] Sie müssen ausreichend sicher gegen Stoßkräfte sein.

(2) Wände müssen gegen aufsteigende und gegen eindringende Feuchtigkeit hinreichend geschützt sein.

(3) [1] Wände müssen, soweit es der Brandschutz unter Berücksichtigung ihrer Beschaffenheit, Anordnung und Funktion erfordert, nach ihrer Bauart und durch ihre Baustoffe widerstandsfähig gegen Feuer sein. [2] Dies gilt auch für Bekleidungen und Dämmschichten.

(4) Tragende Wände und aussteifende Wände müssen im Brandfall ausreichend lang standsicher sein.

(5) Für Stützen gelten die Absätze 1 bis 4 sinngemäß.

§ 28
Außenwände

(1) Außenwände müssen aus frostbeständigen und gegen Niederschläge widerstandsfähigen Baustoffen hergestellt oder mit einem Wetterschutz versehen sein.

(2) Außenwände und Außenwandteile wie Brüstungen und Schürzen müssen so ausgebildet sein, dass eine Brandausbreitung auf und in diesen Bauteilen ausreichend lang begrenzt ist.

§ 29
Trennwände

Trennwände müssen, wenn sie raumabschließende Bauteile von Räumen oder Nutzungseinheiten sind, ausreichend lang widerstandsfähig gegen eine Brandausbreitung sein, soweit dies erforderlich ist, um der Brandausbreitung innerhalb von Geschossen entgegenzuwirken.

§ 30
Brandwände

[1] Brandwände müssen vorhanden sein, soweit dies, insbesondere bei geringen Gebäude- oder Grenzabständen, innerhalb ausgedehnter Gebäude oder bei baulichen Anlagen mit erhöhter Brandgefahr, erforderlich ist, um einer Brandausbreitung entgegenzuwirken. [2] Brandwände müssen als raumabschließende Bauteile zum Abschluss von Gebäuden oder zur Unterteilung von Gebäuden in Brandabschnitte so beschaffen und angeordnet sein, dass sie bei einem Brand ausreichend lang eine Brandausbreitung auf andere Gebäude oder Brandabschnitte verhindern.

§ 31
Decken und Böden

(1) Decken müssen den Belastungen sicher standhalten, die auftretenden Kräfte sicher auf ihre Auflager übertragen und, soweit erforderlich, die bauliche Anlage waagerecht aussteifen.

(2) [1] Böden nicht unterkellerter Aufenthaltsräume oder anderer Räume, deren Benutzung durch Feuchtigkeit beeinträchtigt werden kann, müssen gegen aufsteigende Feuchtigkeit geschützt sein. [2] Decken unter Räumen, die der Feuchtigkeit erheblich ausgesetzt sind, insbesondere unter Waschküchen, Toiletten, Waschräumen und Loggien, müssen wasserundurchlässig sein.

(3) [1] Decken müssen, soweit es der Brandschutz unter Berücksichtigung ihrer Beschaffenheit, Anordnung und Funktion erfordert, nach ihrer Bauart und in ihren Baustoffen widerstandsfähig gegen Feuer sein. [2] Sie müssen als tragende und raumabschließende Bauteile zwischen Geschossen im Brandfall ausreichend lang

standsicher und widerstandsfähig gegen eine Brandausbreitung sein. [3] Satz 1 gilt auch für Bekleidungen und Dämmschichten.

§ 32
Dächer

(1) [1] Bedachungen müssen gegen Flugfeuer und strahlende Wärme von außen ausreichend lang widerstandsfähig sein, soweit der Brandschutz nicht auf andere Weise gesichert ist. [2] Das Tragwerk der Dächer einschließlich des Trägers der Dachhaut muss, soweit es der Brandschutz erfordert, ausreichend lang widerstandsfähig gegen Feuer sein. [3] Die Dachhaut muss gegen die Einflüsse der Witterung genügend beständig sein.

(2) Soweit es die Verkehrssicherheit erfordert, müssen Dächer mit Schutzvorrichtungen gegen das Herabfallen von Schnee und Eis versehen sein.

(3) Dachüberstände, Dachgesimse, Dachaufbauten, Solarenergieanlagen, Sonnenkollektoren, lichtdurchlässige Bedachungen, Lichtkuppeln und Oberlichte müssen so angeordnet und hergestellt sein, dass Feuer nicht auf andere Gebäudeteile oder Nachbargebäude übertragen werden kann.

(4) Für vom Dach aus vorzunehmende Arbeiten sind sicher benutzbare Vorrichtungen anzubringen.

§ 33
Rettungswege

(1) [1] Für jede Nutzungseinheit mit mindestens einem Aufenthaltsraum müssen in jedem Geschoss mindestens zwei voneinander unabhängige Rettungswege ins Freie vorhanden sein. [2] Die Rettungswege dürfen innerhalb des Geschosses über denselben notwendigen Flur (§ 36) führen.

(2) [1] Der erste Rettungsweg für eine Nutzungseinheit nach Absatz 1 Satz 1, die nicht zu ebener Erde liegt, muss über eine notwendige Treppe (§ 34 Abs. 1 Satz 2) führen. [2] Der zweite Rettungsweg kann über eine weitere notwendige Treppe oder eine mit den Rettungsgeräten der Feuerwehr erreichbare Stelle der Nutzungseinheit führen. [3] Ein zweiter Rettungsweg über eine von der Feuerwehr erreichbare Stelle der Nutzungseinheit ist geeignet, wenn Bedenken in Bezug auf die Eignung des Rettungsweges für die Rettung

der Menschen nicht bestehen; für ein Geschoss einer Nutzungseinheit nach Satz 1, ausgenommen Geschosse von Wohnungen, das für die Nutzung durch mehr als 10 Personen bestimmt ist, ist die Eignung des Rettungsweges zu prüfen. [4] Ein zweiter Rettungsweg ist nicht erforderlich, wenn die Rettung über einen sicher erreichbaren und durch besondere Vorkehrungen gegen Feuer und Rauch geschützten Treppenraum möglich ist.

§ 34
Treppen

(1) [1] Räume in Gebäuden müssen, soweit sie nicht zu ebener Erde liegen, über Treppen zugänglich sein. [2] Treppen müssen in solcher Zahl vorhanden und so angeordnet und ausgebildet sein, dass sie für den größten zu erwartenden Verkehr ausreichen und die erforderlichen Rettungswege bieten (notwendige Treppen). [3] Statt notwendiger Treppen sind Rampen mit flacher Neigung zulässig.

(2) [1] Einschiebbare Treppen und Rolltreppen sind als notwendige Treppen unzulässig. [2] Einschiebbare Treppen und Leitern sind zulässig als Zugang

1.

    zu einem Dachraum ohne Aufenthaltsräume in Wohngebäuden der Gebäudeklassen 1 und 2,

2.

    zu einem anderen Raum, der kein Aufenthaltsraum ist, wenn hinsichtlich des Brandschutzes und der Art seiner Benutzung keine Bedenken bestehen.

(3) [1] Treppen müssen mindestens einen Handlauf haben. [2] Notwendige Treppen müssen beiderseits Handläufe haben. [3] Die Handläufe müssen fest und griffsicher sein. [4] Satz 2 gilt nicht, wenn Menschen mit Behinderungen und alte Menschen die Treppe nicht zu benutzen brauchen, und nicht für Treppen von Wohngebäuden der Gebäudeklassen 1 und 2 sowie in Wohnungen.

§ 35
Notwendige Treppenräume

(1) [1] Jede notwendige Treppe muss zur Sicherstellung der Rettungswege aus den Geschossen ins Freie in einem eigenen, durchgehenden Treppenraum liegen (notwendiger Treppenraum). [2] Notwendige Treppenräume müssen so angeordnet und ausgebildet sein, dass die Nutzung der notwendigen Treppen im Brandfall ausreichend lang möglich ist. [3] Sind mehrere notwendige Treppenräume erforderlich, so müssen sie so verteilt sein, dass sie möglichst entgegengesetzte Fluchtrichtungen bieten und die Rettungswege möglichst kurz sind.

(2) Notwendige Treppen sind ohne eigenen Treppenraum zulässig

1.

   in Wohngebäuden der Gebäudeklassen 1 und 2,

2.

   für die Verbindung von höchstens zwei Geschossen innerhalb derselben Nutzungseinheit von insgesamt nicht mehr als 200 m² Grundfläche, wenn in jedem Geschoss ein anderer Rettungsweg erreicht werden kann,

3.

   als Außentreppe, wenn ihre Nutzung auch im Brandfall ausreichend sicher ist.

(3) [1] Jeder notwendige Treppenraum muss an einer Außenwand liegen und einen unmittelbaren Ausgang ins Freie haben. [2] Innenliegende notwendige Treppenräume sind zulässig, wenn ihre Nutzung ausreichend lang durch Raucheintritt nicht gefährdet werden kann. [3] Ein mittelbarer Ausgang ist zulässig, wenn der zwischen dem notwendigen Treppenraum und dem Ausgang ins Freie liegende Raum

1.

   dem Verkehr dient,

2.

41

mindestens so breit ist wie der breiteste Treppenlauf des Treppenraums,

3.

Wände hat, die die Anforderungen an die Wände des Treppenraums erfüllen,

4.

zu anderen Räumen, ausgenommen notwendige Flure, keine Öffnungen hat und

5.

zu notwendigen Fluren nur Öffnungen mit rauchdichten und selbstschließenden Abschlüssen hat.

(4) [1] Notwendige Treppenräume müssen zu belüften und zu beleuchten sein, [2] Notwendige Treppenräume, die an einer Außenwand liegen, müssen Fenster haben.

§ 36
Notwendige Flure, Ausgänge

Flure und Gänge, über die Rettungswege aus Aufenthaltsräumen oder aus Nutzungseinheiten mit Aufenthaltsräumen zu Ausgängen in notwendige Treppenräume oder, wenn ein Treppenraum nicht erforderlich ist, zu notwendigen Treppen oder ins Freie führen (notwendige Flure), sowie Ausgänge müssen in solcher Zahl vorhanden und so angeordnet und ausgebildet sein, dass sie für den größten zu erwartenden Verkehr ausreichen und ihre Nutzung im Brandfall ausreichend lang möglich ist.

§ 37
Fenster, Türen und sonstige Öffnungen

(1) [1] Fenster und Fenstertüren müssen gefahrlos gereinigt werden können. [2] Fenster, die dem Lüften dienen, müssen gefahrlos zu öffnen sein.

(2) Für größere Glasflächen müssen, soweit erforderlich, Schutzmaßnahmen zur Sicherung des Verkehrs vorhanden sein.

(3) An Fenster und Türen, die bei Gefahr der Rettung von Menschen dienen, können wegen des Brandschutzes besondere Anforderungen gestellt werden.

(4) [1] Jedes Kellergeschoss ohne Fenster, die geöffnet werden können, muss mindestens eine Öffnung ins Freie haben, um eine Rauchableitung zu ermöglichen. [2] Gemeinsame Licht- oder Luftschächte für übereinander liegende Kellergeschosse sind unzulässig.

§ 38
Aufzüge

(1) [1] Aufzüge müssen betriebssicher und brandsicher sein. [2] Aufzüge im Innern von Gebäuden müssen eigene Fahrschächte haben, wenn dies erforderlich ist, um eine Brandausbreitung in andere Geschosse ausreichend lang zu verhindern.

(2) [1] Gebäude mit Aufenthaltsräumen, deren Fußboden mehr als 12,25 m über der Eingangsebene liegt, müssen Aufzüge in ausreichender Zahl und Anordnung haben. [2] Satz 1 gilt nicht bei Nutzungsänderungen oberster Geschosse zu Wohnzwecken in Gebäuden, die am 31. Dezember 1992 errichtet oder genehmigt waren.

(3) [1] In den Fällen des Absatzes 2 Satz 1 muss mindestens ein Aufzug Kinderwagen, Rollstühle, Krankentragen und Lasten aufnehmen können und Haltestellen in allen Geschossen haben. [2] Dieser Aufzug muss von allen Wohnungen in dem Gebäude und von der öffentlichen Verkehrsfläche aus stufenlos erreichbar sein.

§ 39
Lüftungsanlagen, Leitungsanlagen, Installationsschächte und -kanäle

(1) [1] Lüftungsanlagen müssen betriebssicher und brandsicher sein. [2] Sie dürfen den ordnungsgemäßen Betrieb von Feuerungsanlagen nicht beeinträchtigen und müssen so angeordnet und ausgebildet sein, dass sie Gerüche und Staub nicht in andere Räume übertragen.

(2) Lüftungsanlagen müssen, soweit es der Brandschutz erfordert, so angeordnet und ausgebildet sein, dass Feuer und Rauch ausreichend lang nicht in andere Räume übertragen werden können.

(3) [1] Leitungsanlagen sind in notwendigen Treppenräumen, in Räumen nach § 35 Abs. 3 Satz 3 und in notwendigen Fluren nur zulässig, wenn die Nutzung dieser Treppenräume, Räume und Flure als Rettungsweg im Brandfall ausreichend lang möglich ist. [2] Absatz 1 Satz 1 und Absatz 2 gelten für Leitungsanlagen entsprechend.

(4) Für Installationsschächte und -kanäle, raumlufttechnische Anlagen und Warmluftheizungen gelten die Absätze 1 und 2 entsprechend.

§ 40
Feuerungsanlagen, sonstige Anlagen zur Energieerzeugung, Brennstoffversorgungsanlagen und Brennstofflagerung

(1) Feuerstätten und Abgasanlagen wie Schornsteine, Abgasleitungen und Verbindungsstücke (Feuerungsanlagen) müssen betriebssicher und brandsicher sein.

(2) Feuerstätten dürfen in Räumen nur aufgestellt werden, wenn nach der Art der Feuerstätte und nach Lage, Größe, baulicher Beschaffenheit und Nutzung des Raumes Gefahren nicht entstehen.

(3) [1] Die Abgase der Feuerstätten sind, soweit dies erforderlich ist, durch Abgasanlagen abzuleiten, sodass Gefahren oder unzumutbare Belästigungen nicht entstehen. [2] Abgasanlagen müssen in solcher Zahl und Lage vorhanden und so beschaffen sein, dass alle Feuerstätten des Gebäudes ordnungsgemäß betrieben werden können. [3] Die Abgasanlagen müssen leicht und sicher zu reinigen sein.

(4) [1] Behälter und Rohrleitungen für brennbare Gase oder Flüssigkeiten müssen betriebssicher und brandsicher sein. [2] Behälter nach Satz 1 sind so aufzustellen, dass Gefahren oder unzumutbare Belästigungen nicht entstehen. [3] Satz 2 gilt für das Lagern von festen Brennstoffen entsprechend.

(5) Für die Aufstellung von ortsfesten Verbrennungsmotoren, Blockheizkraftwerken, Brennstoffzellen und Verdichtern sowie die Ableitung ihrer Verbrennungsgase gelten die Absätze 1 bis 3 entsprechend.

(6) Feuerungsanlagen, ortsfeste Verbrennungsmotoren und Blockheizkraftwerke dürfen, auch wenn sie geändert worden sind, erst in Betrieb genommen werden, wenn die Bezirksschornsteinfegermeisterin oder der Bezirksschornsteinfegermeister ihre sichere

Benutzbarkeit sowie die Tauglichkeit und sichere Benutzbarkeit der zugehörigen Schornsteine und Leitungen zur Abführung der Abgase oder Verbrennungsgase geprüft und bescheinigt hat.

§ 41
Anlagen zur Wasserversorgung, für Abwässer und Abfälle

(1) [1] Gebäude mit Aufenthaltsräumen müssen, soweit es ihre Benutzung erfordert, eine Versorgung mit Trinkwasser haben, die dauernd gesichert ist. [2] Zur Brandbekämpfung muss eine ausreichende Wassermenge in einer den örtlichen Verhältnissen entsprechenden Weise zur Verfügung stehen.

(2) [1] Bei baulichen Anlagen müssen die einwandfreie Beseitigung der Abwässer und die ordnungsgemäße Entsorgung der Abfälle dauernd gesichert sein. [2] Das gilt auch für den Verbleib von Exkrementen und Urin, jeweils auch mit Einstreu, aus der Haltung von Nutztieren sowie für Gärreste.

(3) [1] Jede Wohnung muss einen eigenen Wasserzähler haben. [2] Dies gilt nicht bei Nutzungsänderungen, wenn die Anforderung nach Satz 1 nur mit unverhältnismäßigem Mehraufwand erfüllt werden kann.

§ 42
Blitzschutzanlagen

Bauliche Anlagen, bei denen nach Lage, Bauart oder Benutzung Blitzschlag leicht eintreten oder zu schweren Folgen führen kann, müssen mit dauernd wirksamen Blitzschutzanlagen versehen sein.

Sechster Teil
Nutzungsbedingte Anforderungen an bauliche Anlagen
§ 43
Aufenthaltsräume

(1) [1] Aufenthaltsräume müssen eine für ihre Benutzung ausreichende Grundfläche und eine lichte Höhe von mindestens 2,40 m über mindestens zwei Dritteln ihrer Grundfläche

haben. [2] Bei der Bemessung der Grundfläche nach Satz 1 bleiben Raumteile mit einer lichten Höhe bis 1,50 m außer Betracht.

(2) [1] Für Aufenthaltsräume, die im obersten Geschoss im Dachraum liegen, genügt eine lichte Höhe von 2,20 m über mindestens der Hälfte ihrer Grundfläche. [2] Absatz 1 Satz 2 und § 2 Abs. 7 Satz 4 gelten entsprechend. [3] Die Sätze 1 und 2 gelten auch für Aufenthaltsräume, deren Grundfläche überwiegend unter Dachschrägen liegt.

(3) Aufenthaltsräume müssen unmittelbar ins Freie führende Fenster von solcher Zahl, Größe und Beschaffenheit haben, dass die Räume das erforderliche Tageslicht erhalten und zweckentsprechend gelüftet werden können (notwendige Fenster).

(4) Räume in Kellergeschossen sind als Aufenthaltsräume nur zulässig, wenn das Gelände vor den notwendigen Fenstern der Räume in einer für gesunde Wohn- oder Arbeitsverhältnisse ausreichenden Entfernung und Breite nicht mehr als 70 cm über deren Fußboden liegt.

(5) Aufenthaltsräume, die nicht dem Wohnen dienen, brauchen die Anforderungen der Absätze 3 und 4 nicht zu erfüllen, soweit durch besondere Maßnahmen oder Einrichtungen sichergestellt wird, dass den Anforderungen des § 3 entsprochen wird und die Rettung von Menschen möglich ist.

§ 44
Wohnungen

(1) [1] Jede Wohnung muss von anderen Wohnungen oder anderen Räumen baulich abgeschlossen sein und einen eigenen abschließbaren Zugang unmittelbar vom Freien oder von einem Treppenraum, Flur oder Vorraum haben. [2] Satz 1 gilt nicht für Wohngebäude mit nicht mehr als zwei Wohnungen. [3] Werden Wohnungen geteilt, so müssen die Anforderungen nach Satz 1 nicht erfüllt werden, wenn unzumutbare Belästigungen oder erhebliche Nachteile für die Benutzerinnen und Benutzer der Wohnungen nicht entstehen.

(2) [1] In Gebäuden, die nicht nur dem Wohnen dienen, müssen Wohnungen einen eigenen Zugang haben. [2] Gemeinsame Zugänge sind zulässig, wenn Gefahren oder unzumutbare Belästigungen für die Benutzerinnen und Benutzer der Wohnungen nicht entstehen.

(3) [1] Jede Wohnung muss eine Küche oder Kochnische haben. [2] Küchen und Kochnischen sind ohne Fenster zulässig, wenn sie wirksam gelüftet werden können.

(4) In Gebäuden mit mehr als zwei Wohnungen oder auf dem Baugrundstück solcher Gebäude muss

1.

leicht erreichbarer und gut zugänglicher Abstellraum für Rollatoren, Kinderwagen und Fahrräder sowie

2.

Abstellraum für jede Wohnung

in ausreichender Größe zur Verfügung stehen.

(5) [1] In Wohnungen müssen Schlafräume und Kinderzimmer sowie Flure, über die Rettungswege von Aufenthaltsräumen führen, jeweils mindestens einen Rauchwarnmelder haben. [2] Die Rauchwarnmelder müssen so eingebaut oder angebracht und betrieben werden, dass Brandrauch frühzeitig erkannt und gemeldet wird. [3] In Wohnungen, die bis zum 31. Oktober 2012 errichtet oder genehmigt sind, hat die Eigentümerin oder der Eigentümer die Räume und Flure bis zum 31. Dezember 2015 entsprechend den Anforderungen nach den Sätzen 1 und 2 auszustatten. [4] Für die Sicherstellung der Betriebsbereitschaft der Rauchwarnmelder in den in Satz 1 genannten Räumen und Fluren sind die Mieterinnen und Mieter, Pächterinnen und Pächter, sonstige Nutzungsberechtigte oder andere Personen, die die tatsächliche Gewalt über die Wohnung ausüben, verantwortlich, es sei denn, die Eigentümerin oder der Eigentümer übernimmt diese Verpflichtung selbst. [5] § 56 Satz 2 gilt entsprechend.

§ 45
Toiletten und Bäder

(1) [1] Jede Wohnung muss mindestens eine Toilette sowie eine Badewanne oder Dusche haben. [2] Für bauliche Anlagen, die für einen größeren Personenkreis bestimmt sind, muss eine ausreichende Anzahl von Toiletten vorhanden sein.

(2) Toilettenräume und Räume mit Badewannen oder Duschen müssen wirksam gelüftet werden können.

§ 46
Bauliche Anlagen für Kraftfahrzeuge

[1] Garagen, insbesondere Parkhäuser, sowie Stellplätze müssen einschließlich ihrer Nebenanlagen verkehrs- und betriebssicher sein und dem Brandschutz genügen. [2] Satz 1 ist auf Ausstellungs-, Verkaufs-, Werk- und Lagerräume für Kraftfahrzeuge sowie auf Räume zum Abstellen nicht ortsfester Geräte mit Verbrennungsmotoren sinngemäß anzuwenden.

§ 47
Notwendige Einstellplätze

(1) [1] Für bauliche Anlagen, die einen Zu- und Abgangsverkehr mit Kraftfahrzeugen erwarten lassen, müssen Einstellplätze in solcher Anzahl und Größe zur Verfügung stehen, dass sie die vorhandenen oder zu erwartenden Kraftfahrzeuge der ständigen Benutzerinnen und Benutzer und der Besucherinnen und Besucher der Anlagen aufnehmen können; wird die erforderliche Anzahl der Einstellplätze durch eine örtliche Bauvorschrift festgelegt, so ist diese Festlegung maßgeblich (notwendige Einstellplätze). [2] Wird die Nutzung einer Anlage geändert, so braucht, auch wenn ihr notwendige Einstellplätze bisher fehlten, nur der durch die Nutzungsänderung verursachte Mehrbedarf gedeckt zu werden. [3] Die Einstellplatzpflicht nach den Sätzen 1 und 2 entfällt, soweit die Gemeinde durch örtliche Bauvorschrift nach § 84 Abs. 2 oder durch städtebauliche Satzung die Herstellung von Garagen und Stellplätzen untersagt oder einschränkt.

(2) Wird in einem Gebäude, das am 31. Dezember 1992 errichtet war, eine Wohnung geteilt oder Wohnraum durch Änderung der Nutzung, durch Aufstocken oder durch Änderung des Daches eines solchen Gebäudes geschaffen, so braucht der dadurch verursachte Mehrbedarf an Einstellplätzen nicht gedeckt zu werden, wenn dies nicht oder nur unter außergewöhnlichen Schwierigkeiten entsprechend dem öffentlichen Baurecht auf dem Baugrundstück möglich ist.

(3) [1] Die Bauaufsichtsbehörde kann die Pflicht zur Herstellung notwendiger Einstellplätze, ausgenommen für Wohnungen, auf Antrag aussetzen,

1.

solange ständigen Benutzerinnen und Benutzern der baulichen Anlage Zeitkarten für den öffentlichen Personennahverkehr verbilligt zur Verfügung gestellt werden und

2.

soweit hierdurch ein verringerter Bedarf an notwendigen Einstellplätzen erwartet werden kann.

[2] Wird die Pflicht zur Herstellung notwendiger Einstellplätze ganz oder teilweise ausgesetzt, so ist zum 1. März eines jeden Jahres der Bauaufsichtsbehörde nachzuweisen, ob und inwieweit die Voraussetzungen für die Aussetzung noch erfüllt sind. [3] Soweit der Nachweis nicht erbracht wird, ist die Aussetzung zu widerrufen.

(4) [1] Die notwendigen Einstellplätze müssen auf dem Baugrundstück oder in dessen Nähe auf einem anderen Grundstück gelegen sein, dessen Benutzung zu diesem Zweck durch Baulast gesichert ist. [2] Eine Sicherung durch Baulast ist auch erforderlich, wenn die notwendigen Einstellplätze für ein Grundstück auf einem anderen Grundstück liegen und beide Grundstücke ein Baugrundstück nach § 2 Abs. 12 Satz 2 bilden. [3] Sind notwendige Einstellplätze nach öffentlichem Baurecht auf dem Baugrundstück oder in dessen Nähe unzulässig, so können sie auch auf Grundstücken gelegen sein, die vom Baugrundstück mit einem öffentlichen oder vergleichbaren Verkehrsmittel leicht erreichbar sind.

(5) [1] Auf Verlangen der Bauherrin oder des Bauherrn wird zugelassen, dass die Pflicht zur Herstellung der notwendigen Einstellplätze, ausgenommen die Einstellplätze nach § 49 Abs. 2 Satz 2, durch die Pflicht zur Zahlung eines Geldbetrages an die Gemeinde ersetzt wird, soweit die Gemeinde dies durch Satzung bestimmt oder im Einzelfall zugestimmt hat. [2] Zur Zahlung des Geldbetrages sind die Bauherrin oder der Bauherr und die nach § 56 Verantwortlichen als Gesamtschuldner verpflichtet, sobald und soweit die bauliche Anlage ohne notwendige Einstellplätze in Benutzung genommen wird. [3] Im Fall einer Zulassung nach Satz 1 kann die Baugenehmigung von einer Sicherheitsleistung abhängig gemacht werden.

(6) [1] Der Geldbetrag nach Absatz 5 ist nach dem Vorteil zu bemessen, der der Bauherrin oder dem Bauherrn oder den nach § 56 Verantwortlichen daraus erwächst, dass sie oder er die Einstellplätze nicht herzustellen braucht. [2] Die Gemeinde kann den Geldbetrag durch Satzung für das Gemeindegebiet oder Teile des Gemeindegebietes einheitlich festsetzen und dabei auch andere Maßstäbe wie die durchschnittlichen örtlichen Herstellungskosten von Parkplätzen oder Parkhäusern zugrunde legen.

(7) Die Gemeinde hat den Geldbetrag nach Absatz 5 zu verwenden für

1.

Parkplätze, Stellplätze oder Garagen,

2.

Anlagen und Einrichtungen für den öffentlichen Personennahverkehr,

3.

a)

Anlagen zum Abstellen von Fahrrädern,

b)

Fahrradwege oder

c)

sonstige Anlagen und Einrichtungen,

die den Bedarf an Einstellplätzen verringern.

§ 48
Fahrradabstellanlagen

(1) [1] Für bauliche Anlagen, die einen Zu- und Abgangsverkehr mit Fahrrädern erwarten lassen, ausgenommen Wohnungen, müssen Fahrradabstellanlagen in solcher Größe zur

Verfügung stehen, dass sie die vorhandenen oder zu erwartenden Fahrräder der ständigen Benutzerinnen und Benutzer und der Besucherinnen und Besucher der Anlagen aufnehmen können. [2] Fahrradabstellanlagen nach Satz 1 müssen leicht erreichbar und gut zugänglich sein. [3] § 47 Abs. 4 Satz 1 gilt sinngemäß.

(2) Fahrradabstellanlagen brauchen für Besucherinnen und Besucher der Anlagen nicht errichtet zu werden, wenn dies nicht oder nur unter außergewöhnlichen Schwierigkeiten auf dem Baugrundstück möglich ist.

§ 49
Barrierefreie Zugänglichkeit
und Benutzbarkeit baulicher Anlagen

(1) [1] In Gebäuden mit mehr als vier Wohnungen müssen die Wohnungen eines Geschosses für Menschen mit Behinderungen in der allgemein üblichen Weise, ohne besondere Erschwernis und grundsätzlich ohne fremde Hilfe zugänglich und nutzbar (barrierefrei) sein. [2] Abstellraum für Rollstühle muss in ausreichender Größe zur Verfügung stehen und barrierefrei sein. [3] In jeder achten Wohnung eines Gebäudes müssen die Wohn- und Schlafräume, ein Toilettenraum, ein Raum mit einer Badewanne oder Dusche und die Küche oder Kochnische zusätzlich rollstuhlgerecht sein.

(2) [1] Folgende bauliche Anlagen oder Teile baulicher Anlagen müssen barrierefrei sein:

1.

    Büro- und Verwaltungsgebäude, soweit sie für den Publikumsverkehr bestimmt sind, sowie öffentliche Verwaltungs- und Gerichtsgebäude,

2.

    Schalter und Abfertigungsanlagen der Verkehrs- und Versorgungsbetriebe sowie der Banken und Sparkassen,

3.

    Theater, Museen, öffentliche Bibliotheken, Freizeitheime, Gemeinschaftshäuser, Versammlungsstätten und Anlagen für den Gottesdienst,

4.

Verkaufs- und Gaststätten,

5.

Schulen, Hochschulen und sonstige vergleichbare Ausbildungsstätten,

6.

Krankenanstalten, Praxisräume der Heilberufe und Kureinrichtungen,

7.

Tagesstätten und Heime für alte oder pflegebedürftige Menschen, Menschen mit
Behinderungen oder Kinder,

8.

Sport-, Spiel- und Erholungsanlagen, soweit sie für die Allgemeinheit bestimmt sind,
sowie Kinderspielplätze,

9.

Campingplätze mit mehr als 200 Standplätzen,

10.

Geschosse mit Aufenthaltsräumen, die nicht Wohnzwecken dienen und insgesamt
mehr als 500 m² Nutzfläche haben,

11.

öffentliche Toilettenanlagen,

12.

Stellplätze und Garagen für Anlagen nach den Nummern 1 bis 10 sowie Parkhäuser.

[2] Eine dem Bedarf entsprechende Zahl von Einstellplätzen, Standplätzen und Toilettenräumen muss für Menschen mit Behinderungen hergerichtet und gekennzeichnet sein.

(3) [1] Die Absätze 1 und 2 gelten nicht, soweit die Anforderungen wegen schwieriger Geländeverhältnisse, wegen des Einbaus eines sonst nicht erforderlichen Aufzugs, wegen ungünstiger vorhandener Bebauung oder im Hinblick auf die Sicherheit der Menschen mit Behinderungen nur mit unverhältnismäßigem Mehraufwand erfüllt werden können. [2] Bei einem Baudenkmal nach § 3 des Niedersächsischen Denkmalschutzgesetzes ist den Anforderungen nach den Absätzen 1 und 2 Rechnung zu tragen, soweit deren Berücksichtigung das Interesse an der unveränderten Erhaltung des Baudenkmals überwiegt und den Eingriff in das Baudenkmal zwingend verlangt.

§ 50
Werbeanlagen

(1) [1] Werbeanlagen sind alle örtlich gebundenen Einrichtungen, die der Ankündigung oder Anpreisung oder als Hinweis auf Gewerbe oder Beruf dienen und von allgemein zugänglichen Verkehrs- oder Grünflächen aus sichtbar sind. [2] Hierzu zählen insbesondere Schilder, Beschriftungen, Bemalungen, Lichtwerbungen, Schaukästen sowie für Zettel- und Bogenanschläge oder Lichtwerbung bestimmte Säulen, Tafeln und Flächen.

(2) Werbeanlagen dürfen nicht erheblich belästigen, insbesondere nicht durch ihre Größe, Häufung, Lichtstärke oder Betriebsweise.

(3) [1] Werbeanlagen sind im Außenbereich unzulässig und dürfen auch nicht erheblich in den Außenbereich hineinwirken. [2] Ausgenommen sind, soweit in anderen Rechtsvorschriften nicht anderes bestimmt ist,

1.

Werbeanlagen an der Stätte der Leistung,

2.

Tafeln unmittelbar vor Ortsdurchfahrten mit Schildern, die Inhaber und Art gewerblicher Betriebe kennzeichnen oder die auf landwirtschaftliche Betriebe, die landwirtschaftliche Produkte zum Verkauf anbieten, und auf diese Produkte hinweisen,

3.

Tafeln bis zu einer Größe von 1 m² an öffentlichen Straßen und Wegeabzweigungen in einem Umkreis von bis zu drei Kilometern vom Rand eines Gewerbegebietes mit Schildern, die im Interesse des öffentlichen Verkehrs auf Betriebe hinweisen, die in dem Gewerbegebiet liegen,

4.

einzelne Schilder bis zu einer Größe von 0,50 m², die an Wegeabzweigungen im Interesse des öffentlichen Verkehrs auf Betriebe im Außenbereich, auf selbst erzeugte Produkte, die diese Betriebe an der Betriebsstätte anbieten, oder auf versteckt gelegene Stätten hinweisen,

5.

Werbeanlagen an und auf Flugplätzen, Sportanlagen und auf abgegrenzten Versammlungsstätten, soweit die Werbeanlagen nicht erheblich in den übrigen Außenbereich hineinwirken,

6.

Werbeanlagen auf Ausstellungs- und Messegeländen.

(4) In Kleinsiedlungsgebieten, reinen Wohngebieten, allgemeinen Wohngebieten, Dorfgebieten und Wochenendhausgebieten sowie in Gebieten, die nach ihrer vorhandenen Bebauung den genannten Baugebieten entsprechen, sind nur zulässig

1.

Werbeanlagen an der Stätte der Leistung und

2.

Anlagen für amtliche Mitteilungen und zur Unterrichtung über kirchliche, kulturelle, politische, sportliche und ähnliche Veranstaltungen.

(5) [1] An Brücken, Bäumen, Böschungen und Leitungsmasten, die von allgemein zugänglichen Verkehrs- oder Grünflächen aus sichtbar sind, dürfen Werbeanlagen nicht angebracht sein. [2] Satz 1 gilt nicht für Wandflächen der Widerlager von Brücken; die Absätze 3 und 4 bleiben unberührt.

(6) Die Vorschriften dieses Gesetzes gelten nicht für

1.

Anschläge und Lichtwerbung an dafür genehmigten Säulen, Tafeln und Flächen,

2.

Werbemittel an Kiosken,

3.

Auslagen und Dekorationen in Fenstern und Schaukästen,

4.

Werbeanlagen, die vorübergehend für öffentliche Wahlen oder Abstimmungen angebracht oder aufgestellt werden.

§ 51
Sonderbauten

[1] An einen Sonderbau nach § 2 Abs. 5 können im Einzelfall besondere Anforderungen gestellt werden, soweit die Vorschriften der §§ 4 bis 50 und der zu ihrer näheren Bestimmung erlassenen Verordnungen nicht ausreichen, um sicherzustellen, dass der Sonderbau die Anforderungen des § 3 erfüllt. [2] Erleichterungen können gestattet werden, soweit es der Einhaltung von Vorschriften und Verordnungen nach Satz 1 wegen der besonderen Art oder Nutzung baulicher Anlagen oder Räume oder wegen besonderer

Anforderungen nicht bedarf. [3] Die besonderen Anforderungen nach Satz 1 und die Erleichterungen nach Satz 2 können sich insbesondere erstrecken auf

1.

die Abstände,

2.

die Anordnung der baulichen Anlage auf dem Grundstück,

3.

die Benutzung und den Betrieb der baulichen Anlage,

4.

die Öffnungen nach öffentlichen Verkehrsflächen und nach angrenzenden Grundstücken,

5.

die Bauart und Anordnung aller für die Standsicherheit, die Verkehrssicherheit, den Brand-, den Wärme-, den Schall- oder den Gesundheitsschutz wesentlichen Bauteile und Einrichtungen, sowie die Verwendung von Baustoffen,

6.

die Feuerungsanlagen und die Heizräume,

7.

die Zahl, Anordnung und Beschaffenheit der Aufzüge sowie der Treppen, Treppenräume, Ausgänge, Flure und sonstigen Rettungswege,

8.

die zulässige Benutzerzahl, die Anordnung und die Zahl der zulässigen Sitze und Stehplätze bei Versammlungsstätten, Tribünen und fliegenden Bauten,

9.

    die Lüftung und die Rauchableitung,

10.

    die Beleuchtung und die Energieversorgung,

11.

    die Wasserversorgung,

12.

    die Aufbewahrung und Beseitigung von Abwässern, die Aufbewahrung und Entsorgung von Abfällen sowie die Löschwasserrückhaltung,

13.

    die notwendigen Einstellplätze,

14.

    die Zu- und Abfahrten,

15.

    die Grünstreifen, die Baumpflanzungen und andere Pflanzungen sowie die Begrünung oder die Beseitigung von Halden und Gruben,

16.

    den Blitzschutz,

17.

    die erforderliche Gasdichtigkeit,

18.

den Umfang, den Inhalt und die Anzahl der Bauvorlagen, insbesondere eines Brandschutzkonzepts,

19.

die Bestellung und die Qualifikation der Bauleiterin oder des Bauleiters und der Fachbauleiterin oder des Fachbauleiters,

20.

die Bestellung und die Qualifikation einer oder eines Brandschutzbeauftragten.

Siebter Teil
Verantwortliche Personen
§ 52
Bauherrin und Bauherr

(1) Die Bauherrin oder der Bauherr ist dafür verantwortlich, dass die von ihr oder ihm veranlasste Baumaßnahme dem öffentlichen Baurecht entspricht.

(2) [1] Die Bauherrin oder der Bauherr einer nicht verfahrensfreien Baumaßnahme hat zu deren Vorbereitung, Überwachung und Ausführung verantwortliche Personen im Sinne der §§ 53 bis 55 zu bestellen, soweit sie oder er nicht selbst die Anforderungen nach den §§ 53 bis 55 erfüllt oder erfüllen kann. [2] Ihr oder ihm obliegt es außerdem, die nach den öffentlich-rechtlichen Vorschriften erforderlichen Anträge zu stellen, Anzeigen zu machen und Nachweise zu erbringen. [3] Sie oder er hat vor Baubeginn den Namen der Bauleiterin oder des Bauleiters und während der Bauausführung einen Wechsel dieser Person der Bauaufsichtsbehörde unverzüglich schriftlich mitzuteilen. [4] Wechselt die Bauherrin oder der Bauherr, so hat die neue Bauherrin oder der neue Bauherr dies der Bauaufsichtsbehörde unverzüglich schriftlich mitzuteilen.

(3) [1] Liegen Tatsachen vor, die besorgen lassen, dass eine nach Absatz 2 Satz 1 bestellte Person nicht den jeweiligen Anforderungen der §§ 53 bis 55 genügt, so kann die Bauaufsichtsbehörde verlangen, dass die Bauherrin oder der Bauherr sie durch eine geeignete Person ersetzt oder geeignete Sachverständige heranzieht. [2] Die

Bauaufsichtsbehörde kann die Bauarbeiten einstellen lassen, bis die Bauherrin oder der Bauherr ihrer Aufforderung nachgekommen ist.

(4) Die Bauaufsichtsbehörde kann verlangen, dass ihr für bestimmte Arbeiten die Unternehmerinnen und Unternehmer benannt werden.

§ 53
Entwurfsverfasserin und Entwurfsverfasser

(1) [1] Die Entwurfsverfasserin oder der Entwurfsverfasser ist dafür verantwortlich, dass der Entwurf für die Baumaßnahme dem öffentlichen Baurecht entspricht. [2] Zum Entwurf gehören die Bauvorlagen, bei Baumaßnahmen nach den §§ 62 und 63 einschließlich der Unterlagen, die nicht eingereicht werden müssen, und die Ausführungsplanung, soweit von dieser die Einhaltung des öffentlichen Baurechts abhängt.

(2) [1] Die Entwurfsverfasserin oder der Entwurfsverfasser muss über die Fachkenntnisse verfügen, die für den jeweiligen Entwurf erforderlich sind. [2] Verfügt sie oder er auf einzelnen Teilgebieten nicht über diese Fachkenntnisse, so genügt es, wenn die Bauherrin oder der Bauherr insoweit geeignete Sachverständige bestellt. [3] Diese sind ausschließlich für ihre Beiträge verantwortlich; die Entwurfsverfasserin oder der Entwurfsverfasser ist nur dafür verantwortlich, dass die Beiträge der Sachverständigen dem öffentlichen Baurecht entsprechend aufeinander abgestimmt und im Entwurf berücksichtigt werden.

(3) [1] Bauvorlagen für eine nicht verfahrensfreie Baumaßnahme müssen von einer Entwurfsverfasserin oder einem Entwurfsverfasser unterschrieben sein, die oder der bauvorlageberechtigt ist. [2] Bauvorlageberechtigt ist, wer

1.

die Berufsbezeichnung „Architektin" oder „Architekt" führen darf,

2.

in die von der Architektenkammer Niedersachsen geführte Liste der Entwurfsverfasserinnen und Entwurfsverfasser der Fachrichtung Architektur eingetragen ist,

3.

in der von der Ingenieurkammer Niedersachsen geführten Liste der
Entwurfsverfasserinnen und Entwurfsverfasser (§ 19 des Niedersächsischen
Ingenieurgesetzes - NIngG -) oder in einem entsprechenden Verzeichnis in einem
anderen Land eingetragen oder diesen Personen nach § 20 NIngG gleichgestellt ist,

4.

die Berufsbezeichnung „Ingenieurin" oder „Ingenieur" in der Fachrichtung Architektur,
Hochbau oder Bauingenieurwesen führen darf, danach mindestens zwei Jahre in
dieser Fachrichtung praktisch tätig gewesen und Bedienstete oder Bediensteter einer
juristischen Person des öffentlichen Rechts ist, für die dienstliche Tätigkeit oder

5.

dio Berufsbezeichnung „Innenarchitektin" oder „Innenarchitekt" führen darf, für die mit
der Berufsaufgabe der Innenarchitektin und des Innenarchitekten verbundenen
baulichen Änderungen von Gebäuden.

(4) Bauvorlageberechtigt für eine genehmigungsbedürftige Baumaßnahme ist auch, wer

1.

die Berufsbezeichnung „Landschaftsarchitektin" oder „Landschaftsarchitekt" führen
darf, wenn die Baumaßnahme mit der Berufsaufgabe der Landschaftsarchitektin und
des Landschaftsarchitekten verbunden ist,

2.

Meisterin oder Meister des Maurer-, des Betonbauer- oder des Zimmerer-Handwerks
oder diesen nach § 7 Abs. 3, 7 oder 9 der Handwerksordnung gleichgestellt ist, wenn
Handwerksmeisterinnen und Handwerksmeister die Baumaßnahme aufgrund ihrer
beruflichen Ausbildung und Erfahrung entwerfen können,

3.

staatlich geprüfte Technikerin oder staatlich geprüfter Techniker der Fachrichtung Bautechnik mit Schwerpunkt Hochbau ist, in gleichem Umfang wie die in Nummer 2 genannten Personen, oder

4.

in einem Mitgliedstaat der Europäischen Union, einem anderen Vertragsstaat des Abkommens über den Europäischen Wirtschaftsraum oder einem durch Abkommen gleichgestellten Staat einen Ausbildungsnachweis erworben hat, der aufgrund einer schulrechtlichen Rechtsvorschrift als gleichwertig mit dem Abschluss zur staatlich geprüften Technikerin oder zum staatlich geprüften Techniker der Fachrichtung Bautechnik mit Schwerpunkt Hochbau anerkannt ist, in gleichem Umfang wie die in Nummer 2 genannten Personen.

(5) [1] Bauvorlageberechtigt für eine genehmigungsbedürftige Baumaßnahme ist in gleichem Umfang wie die in Absatz 4 Nr. 2 genannten Personen auch, wer in einem Mitgliedstaat der Europäischen Union, einem anderen Vertragsstaat des Abkommens über den Europäischen Wirtschaftsraum oder einem durch Abkommen gleichgestellten Staat zur Erbringung von Entwurfsdienstleistungen nach Absatz 4 Nr. 2 oder 3 rechtmäßig niedergelassen ist, diesen Beruf im Rahmen des europäischen Dienstleistungsverkehrs nur vorübergehend und gelegentlich in Niedersachsen ausübt und die Erbringung der Dienstleistung nach Maßgabe der Absätze 6 und 7 bei der Ingenieurkammer angezeigt hat. [2] Wenn weder der Beruf noch die Ausbildung zu dem Beruf im Niederlassungsstaat reglementiert ist, gilt Satz 1 nur dann, wenn der Beruf in einem oder mehreren der in Satz 1 genannten Staaten während der vergangenen zehn Jahre ein Jahr lang ausgeübt wurde. [3] Der vorübergehende und gelegentliche Charakter der Berufsausübung wird insbesondere anhand von Dauer, Häufigkeit, regelmäßiger Wiederkehr und Kontinuität der Berufsausübung in Niedersachsen beurteilt.

(6) [1] Wer erstmals eine Dienstleistung gemäß Absatz 5 in Niedersachsen erbringen will, hat dies der Ingenieurkammer vorher schriftlich anzuzeigen, es sei denn, dass sie oder er sich bereits in einem anderen Bundesland gemeldet hat. [2] Das Verfahren kann auch über eine einheitliche Stelle nach den Vorschriften des Verwaltungsverfahrensgesetzes und des

Niedersächsischen Gesetzes über Einheitliche Ansprechpartner abgewickelt werden. [3] Mit der Anzeige sind vorzulegen:

1.

eine Bescheinigung darüber, dass die Dienstleisterin oder der Dienstleister in einem in Absatz 5 Satz 1 genannten Staat zur Erbringung von Entwurfsdienstleistungen nach Absatz 4 Nr. 2 oder 3 rechtmäßig niedergelassen ist, und darüber, dass ihr oder ihm die Ausübung des Berufs nicht, auch nicht vorübergehend, untersagt ist,

2.

ein Berufsqualifikationsnachweis und

3.

für den Fall, dass weder der Beruf noch die Ausbildung zu dem Beruf in dem Niederlassungsstaat reglementiert ist, ein Nachweis darüber, dass der Beruf in einem oder mehreren der in Absatz 5 Satz 1 genannten Staaten während der vergangenen zehn Jahre mindestens ein Jahr lang ausgeübt wurde.

[4] Das Verfahren kann abweichend von den Sätzen 1 und 3 elektronisch geführt werden, soweit Unterlagen in einem Mitgliedstaat der Europäischen Union oder in einem anderen Vertragsstaat des Abkommens über den Europäischen Wirtschaftsraum ausgestellt oder anerkannt wurden. [5] Im Fall begründeter Zweifel an der Echtheit der nach Satz 4 übermittelten Unterlagen und soweit unbedingt geboten, kann sich die Ingenieurkammer an die zuständige Behörde des Staates wenden, in dem die Unterlagen ausgestellt oder anerkannt wurden, und die Dienstleisterin oder den Dienstleister auffordern, beglaubigte Kopien vorzulegen.

(7) [1] Ist seit der letzten Anzeige ein Jahr vergangen und beabsichtigt die Dienstleisterin oder der Dienstleister weiterhin, Dienstleistungen gemäß Absatz 5 in Niedersachsen zu erbringen, so hat sie oder er dies der Ingenieurkammer anzuzeigen. [2] Hat sich die in den bisher vorgelegten Dokumenten bescheinigte Situation wesentlich geändert, so hat die Dienstleisterin oder der Dienstleister dies unter Vorlage der entsprechenden Dokumente anzuzeigen. [3] Absatz 6 Sätze 2, 4 und 5 gilt entsprechend.

(8) [1] Die Ingenieurkammer bestätigt auf Antrag, dass die Anzeige nach Absatz 6 oder 7 erfolgt ist. [2] Sie kann das Tätigwerden als Entwurfsverfasserin oder Entwurfsverfasser untersagen, wenn die Voraussetzungen der Absätze 5 bis 7 nicht erfüllt sind.

(9) Die Beschränkungen der Absätze 3 bis 8 gelten nicht für Bauvorlagen

1.

zu Entwürfen, die üblicherweise von Fachkräften mit anderer Ausbildung als nach den Absätzen 3 bis 8 verfasst werden, wie Entwürfe für Werbeanlagen und Behälter,

2.

zu Entwürfen einfacher Art, wenn ein Nachweis der Standsicherheit nicht erforderlich ist,

3.

für Stützmauern sowie selbständige Aufschüttungen und Abgrabungen.

§ 54
Unternehmerinnen und Unternehmer

(1) [1] Jede Unternehmerin und jeder Unternehmer ist dafür verantwortlich, dass ihre oder seine Arbeiten dem öffentlichen Baurecht entsprechend ausgeführt und insoweit auf die Arbeiten anderer Unternehmerinnen und Unternehmer abgestimmt werden. [2] Sie oder er hat die vorgeschriebenen Nachweise über die Verwendbarkeit der Bauprodukte und Bauarten zu erbringen und auf der Baustelle bereitzuhalten.

(2) [1] Die Unternehmerin oder der Unternehmer muss über die für ihre oder seine Arbeiten erforderlichen Fachkenntnisse, Fachkräfte und Vorrichtungen verfügen. [2] Erfordern Arbeiten außergewöhnliche Fachkenntnisse oder besondere Vorrichtungen, so kann die Bauaufsichtsbehörde vorschreiben,

1.

dass die Unternehmerin oder der Unternehmer bei den Arbeiten nur Fachkräfte mit bestimmter Ausbildung oder Erfahrung einsetzen darf,

2.

dass sie oder er bei den Arbeiten bestimmte Vorrichtungen zu verwenden hat und

3.

wie sie oder er die Erfüllung der Anforderungen nach den Nummern 1 und 2 nachzuweisen hat.

§ 55
Bauleiterin und Bauleiter

(1) [1] Die Bauleiterin oder der Bauleiter hat darüber zu wachen, dass die Baumaßnahme entsprechend den öffentlich-rechtlichen Anforderungen durchgeführt wird, und die dafür erforderlichen Weisungen zu erteilen. [2] Sie oder er hat im Rahmen dieser Aufgabe auf den sicheren bautechnischen Betrieb der Baustelle, insbesondere auf das gefahrlose Ineinandergreifen der Arbeiten der Unternehmerinnen und Unternehmer zu achten. [3] Die Verantwortlichkeit der Unternehmerinnen und Unternehmer bleibt unberührt.

(2) [1] Die Bauleiterin oder der Bauleiter muss über die für die Aufgabe erforderlichen Fachkenntnisse verfügen. [2] Verfügt sie oder er auf einzelnen Teilgebieten nicht über die erforderlichen Fachkenntnisse, so ist eine geeignete Fachbauleiterin oder ein geeigneter Fachbauleiter zu bestellen. [3] Die bestellte Person übernimmt für die Teilgebiete die Aufgaben der Bauleiterin oder des Bauleiters nach Absatz 1. [4] Die Bauleiterin oder der Bauleiter hat ihre oder seine Tätigkeit mit der Tätigkeit der Fachbauleiterin oder des Fachbauleiters abzustimmen.

§ 56
Verantwortlichkeit für den Zustand
der Anlagen und Grundstücke

[1] Die Eigentümer sind dafür verantwortlich, dass Anlagen und Grundstücke dem öffentlichen Baurecht entsprechen. [2] Erbbauberechtigte treten an die Stelle der Eigentümer. [3] Wer die tatsächliche Gewalt über eine Anlage oder ein Grundstück ausübt, ist neben dem Eigentümer oder Erbbauberechtigten verantwortlich.

Achter Teil
Behörden
§ 57
Bauaufsichtsbehörden

(1) [1] Die Landkreise, die kreisfreien Städte und die großen selbständigen Städte nehmen die Aufgaben der unteren Bauaufsichtsbehörde wahr; die Zuständigkeit der selbständigen Gemeinden wird ausgeschlossen (§ 17 Satz 1 des Niedersächsischen Kommunalverfassungsgesetzes). [2] Oberste Bauaufsichtsbehörde ist das Fachministerium.

(2) [1] Die oberste Bauaufsichtsbehörde kann auf Antrag die Aufgaben der unteren Bauaufsichtsbehörde einer Gemeinde übertragen, wenn sie mindestens 30 000 Einwohnerinnen und Einwohner hat und die Voraussetzungen des Absatzes 4 erfüllt. [2] Hat eine Gemeinde bis zum 31. Oktober 2012 die Aufgaben der unteren Bauaufsichtsbehörde wahrgenommen oder sind ihr nach § 63 a der Niedersächsischen Bauordnung in der Fassung vom 10. Februar 2003 (Nds. GVBl. S. 89), zuletzt geändert durch § 13 des Gesetzes vom 10. November 2011 (Nds. GVBl. S. 415), diese Aufgaben für bestimmte bauliche Anlagen vor dem 1. November 2012 übertragen worden, so bleiben ihr diese Aufgaben übertragen. [3] Die Übertragung kann in den Fällen der Sätze 1 und 2 widerrufen werden, wenn die Gemeinde dies beantragt oder die Voraussetzungen des Absatzes 4 nicht erfüllt. [4] § 14 Abs. 4 Satz 1 und § 177 Abs. 1 des Niedersächsischen Kommunalverfassungsgesetzes gelten sinngemäß.

(3) Die Aufgaben der unteren Bauaufsichtsbehörden gehören zum übertragenen Wirkungskreis.

(4) [1] Die Bauaufsichtsbehörden sind zur Durchführung ihrer Aufgaben ausreichend mit geeigneten Fachkräften zu besetzen und mit den erforderlichen Einrichtungen auszustatten. [2] Den Bauaufsichtsbehörden müssen Bedienstete angehören mit der Befähigung für die Laufbahn der Laufbahngruppe 2 der Fachrichtung Technische Dienste, die die Voraussetzungen für den Zugang für das zweite Einstiegsamt erfüllen oder eine von der obersten Dienstbehörde bestimmte laufbahnrechtliche Qualifizierung erfolgreich durchlaufen haben. [3] Die Bediensteten nach Satz 2 müssen die erforderlichen Kenntnisse der Bautechnik, der Baugestaltung und des öffentlichen Baurechts haben. [4] Ausnahmen von den Sätzen 2 und 3 kann die oberste Bauaufsichtsbehörde zulassen, wenn anderweitig sichergestellt ist, dass die Aufgaben ordnungsgemäß wahrgenommen werden.

§ 58
Aufgaben und Befugnisse der Bauaufsichtsbehörden

(1) [1] Die Bauaufsichtsbehörden haben, soweit erforderlich, darüber zu wachen und darauf hinzuwirken, dass Anlagen, Grundstücke und Baumaßnahmen dem öffentlichen Baurecht entsprechen. [2] Sie haben in diesem Rahmen auch die Verantwortlichen zu beraten.

(2) Die unteren Bauaufsichtsbehörden sind zuständig, soweit nichts anderes bestimmt ist.

(3) Die unteren Bauaufsichtsbehörden üben die Fachaufsicht über die Bezirksschornsteinfegermeisterinnen und Bezirksschornsteinfegermeister hinsichtlich der Erfüllung der Aufgaben nach § 40 Abs. 6 aus.

(4) Die oberste Bauaufsichtsbehörde übt die Fachaufsicht über die unteren Bauaufsichtsbehörden aus.

(5) [1] Die oberste Bauaufsichtsbehörde kann einzelne Befugnisse, die ihr nach diesem Gesetz zustehen, auf andere Behörden des Landes übertragen. [2] Sie kann außerdem widerruflich oder befristet die Zuständigkeit für

1.

die Anerkennung von Prüf-, Zertifizierungs- und Überwachungsstellen (§ 25) und

2.

Ausführungsgenehmigungen für fliegende Bauten, Ausnahmen, Befreiungen und Abweichungen für genehmigungsfreie fliegende Bauten und Gebrauchsabnahmen fliegender Bauten

auf eine Behörde, auch eines anderen Landes, oder eine andere Stelle oder Person übertragen, die die Gewähr dafür bietet, dass die Aufgaben dem öffentlichen Baurecht entsprechend wahrgenommen werden, und die der Aufsicht der obersten Bauaufsichtsbehörde untersteht oder an deren Willensbildung die oberste Bauaufsichtsbehörde mitwirkt.

(6) Übertragungen nach Absatz 5 und § 57 Abs. 2 sind im Niedersächsischen Ministerialblatt bekannt zu machen.

(7) Eine Fachaufsichtsbehörde kann anstelle einer nachgeordneten Behörde oder einer Stelle tätig werden, wenn diese eine Weisung der Fachaufsichtsbehörde innerhalb einer bestimmten Frist nicht befolgt oder wenn Gefahr im Verzuge ist.

(8) Ist die oberste Bauaufsichtsbehörde mangels örtlicher Zuständigkeit einer unteren Bauaufsichtsbehörde zuständig, so kann sie ihre Zuständigkeit im Einzelfall einvernehmlich auf eine untere Bauaufsichtsbehörde übertragen.

(9) [1] Bedienstete und sonstige Beauftragte der in den Absätzen 1 bis 5, 7 und 8 genannten Behörden und Stellen sowie die dort genannten Personen dürfen zur Erfüllung ihrer Aufgaben Grundstücke und Anlagen einschließlich der Wohnungen auch gegen den Willen der Betroffenen betreten. [2] Sind die Wohnungen in Gebrauch genommen, so dürfen sie gegen den Willen der Betroffenen betreten werden, wenn dies zur Abwehr einer erheblichen Gefahr für die öffentliche Sicherheit erforderlich ist. [3] Das Grundrecht der Unverletzlichkeit der Wohnung nach Artikel 13 des Grundgesetzes wird insoweit eingeschränkt.

Neunter Teil

Genehmigungserfordernisse

§ 59

Genehmigungsvorbehalt

(1) Baumaßnahmen bedürfen der Genehmigung durch die Bauaufsichtsbehörde (Baugenehmigung), soweit sich aus den §§ 60 bis 62, 74 und 75 nichts anderes ergibt.

(2) Vorschriften des Bundes- oder Landesrechts, nach denen behördliche Entscheidungen eine Baugenehmigung einschließen, bleiben unberührt.

(3) [1] Genehmigungsfreie und verfahrensfreie Baumaßnahmen müssen die Anforderungen des öffentlichen Baurechts ebenso wie genehmigungsbedürftige Baumaßnahmen erfüllen, es sei denn, dass sich die Anforderungen auf genehmigungsbedürftige Baumaßnahmen beschränken. [2] Genehmigungsvorbehalte in anderen Vorschriften, namentlich im Niedersächsischen Denkmalschutzgesetz und im städtebaulichen Planungsrecht, bleiben unberührt.

§ 60
Verfahrensfreie Baumaßnahmen, Abbruchanzeige

(1) [1] Die im Anhang genannten baulichen Anlagen und Teile baulicher Anlagen dürfen in dem dort festgelegten Umfang ohne Baugenehmigung errichtet, in bauliche Anlagen eingefügt und geändert werden (verfahrensfreie Baumaßnahmen). [2] Verfahrensfreie Baumaßnahmen sind auch die im Anhang genannten Baumaßnahmen.

(2) Verfahrensfrei ist auch

1.

die Änderung der Nutzung einer baulichen Anlage, wenn das öffentliche Baurecht an die neue Nutzung weder andere noch weitergehende Anforderungen stellt oder die Errichtung oder Änderung der baulichen Anlage nach Absatz 1 verfahrensfrei wäre,

2.

die Umnutzung von Räumen im Dachgeschoss eines Wohngebäudes mit nur einer Wohnung in Aufenthaltsräume, die zu dieser Wohnung gehören,

3.

die Umnutzung von Räumen in vorhandenen Wohngebäuden und Wohnungen in Räume mit Badewanne oder Dusche oder mit Toilette,

4.

der Abbruch und die Beseitigung baulicher Anlagen, ausgenommen Hochhäuser, und der im Anhang genannten Teile baulicher Anlagen,

5.

die Instandhaltung baulicher Anlagen.

(3) [1] Der Abbruch und die Beseitigung eines Hochhauses oder eines nicht im Anhang genannten Teils einer baulicher Anlage ist genehmigungsfrei, aber der Bauaufsichtsbehörde vor der Durchführung der Baumaßnahme schriftlich mit Unterschrift der Bauherrin oder des Bauherrn anzuzeigen. [2] Der Anzeige ist die Bestätigung einer Person im Sinne des § 65 Abs. 4 beizufügen über die Wirksamkeit der vorgesehenen Sicherungsmaßnahmen und die Standsicherheit der baulichen Anlagen, die an die abzubrechenden oder zu beseitigenden baulichen Anlagen oder Teile baulicher Anlagen angebaut sind oder auf deren Standsicherheit sich die Baumaßnahme auswirken kann. [3] Die Bauaufsichtsbehörde bestätigt der Bauherrin oder dem Bauherrn den Eingang der Anzeige oder fordert ihn im Fall einer unvollständigen oder sonst mangelhaften Anzeige zur Vervollständigung der Anzeige oder zur Behebung des Mangels auf. [4] Ist die Anzeige vervollständigt oder der Mangel behoben worden, so teilt die Bauaufsichtsbehörde dies der Bauherrin oder dem Bauherrn mit. [5] Mit den Baumaßnahmen nach Satz 1 darf nicht vor Ablauf eines Monats begonnen werden, nachdem die Bauaufsichtsbehörde der Bauherrin oder dem Bauherrn den Eingang der Anzeige nach Satz 3 bestätigt hat oder die Mitteilung nach Satz 4 erfolgt ist.

§ 61
Genehmigungsfreie öffentliche Baumaßnahmen

(1) Keiner Baugenehmigung bedürfen die Errichtung, die Änderung, der Abbruch und die Beseitigung

1.

von Brücken, Durchlässen, Tunneln und Stützmauern sowie von Stauanlagen und sonstigen Anlagen des Wasserbaus, ausgenommen Gebäude, wenn die Wasser- und Schifffahrtsverwaltung des Bundes, die Straßenbau-, Hafen- oder

Wasserwirtschaftsverwaltung des Landes oder eine untere Wasserbehörde die Entwurfsarbeiten leitet und die Bauarbeiten überwacht,

2.

von Betriebsanlagen der Straßenbahnen (§ 4 des Personenbeförderungsgesetzes), ausgenommen oberirdische Gebäude,

3.

von nach anderen Rechtsvorschriften zulassungsbedürftigen Anlagen für die öffentliche Versorgung mit Elektrizität, Gas, Wärme, Wasser und für die öffentliche Beseitigung von Abwässern, ausgenommen Gebäude.

(2) Keiner Baugenehmigung bedürfen

1.

Baumaßnahmen innerhalb vorhandener Gebäude, ausgenommen Nutzungsänderungen,

2.

Änderungen des Äußeren vorhandener Gebäude, wenn sie deren Rauminhalt nicht vergrößern,

3.

Abbrüche baulicher Anlagen,

wenn das Staatliche Baumanagement Niedersachsen, die Klosterkammer Hannover oder die Bauverwaltung eines Landkreises oder einer Gemeinde die Entwurfsarbeiten leitet und die Bauarbeiten überwacht.

§ 62
Sonstige genehmigungsfreie Baumaßnahmen

(1) [1] Keiner Baugenehmigung bedarf die Errichtung

1.

   von Wohngebäuden der Gebäudeklassen 1, 2 und 3, auch mit Räumen für freie

   Berufe nach § 13 der Baunutzungsverordnung, in Kleinsiedlungsgebieten sowie in

   reinen, in allgemeinen und in besonderen Wohngebieten, wenn die Wohngebäude

   überwiegend Wohnungen enthalten,

2.

   von sonstigen Gebäuden der Gebäudeklassen 1 und 2 in Gewerbegebieten und in

   Industriegebieten,

3.

   von baulichen Anlagen, die keine Gebäude sind, in Gewerbegebieten und in

   Industriegebieten und

4.

   von Nebengebäuden und Nebenanlagen für Gebäude nach den Nummern 1 und 2,

wenn die in den Nummern 1 bis 3 genannten Baugebiete durch Bebauungsplan im Sinne

des § 30 Abs. 1 oder 2 des Baugesetzbuchs festgesetzt sind und die Voraussetzungen

des Absatzes 2 vorliegen. [2] Satz 1 gilt entsprechend für die Änderung oder

Nutzungsänderung baulicher Anlagen, die nach Durchführung dieser Baumaßnahme

bauliche Anlagen im Sinne des Satzes 1 Nrn. 1 bis 4 sind. [3] Die Sätze 1 und 2 gelten nicht

für Sonderbauten nach § 2 Abs. 5. [4] Die Sätze 1 und 2 gelten auch nicht für eine

Baumaßnahme innerhalb eines Achtungsabstands nach Satz 5 um einen Betriebsbereich

im Sinne des § 3 Abs. 5a des Bundes-Immissionsschutzgesetzes (BImSchG), durch die

erstmalig oder zusätzlich

1.

   dem Wohnen dienende Nutzungseinheiten von insgesamt mehr als 5 000

   m^2 Grundfläche geschaffen werden oder

2.

die Möglichkeit der gleichzeitigen Nutzung einer öffentlich zugänglichen baulichen Anlage durch mehr als 100 Besucherinnen und Besucher geschaffen wird,

es sei denn, dass durch ein Gutachten einer oder eines nach § 29b BImSchG bekannt gegebenen Sachverständigen nachgewiesen ist, dass die Baumaßnahme außerhalb des angemessenen Sicherheitsabstands im Sinne des § 3 Abs. 5c BImSchG zum Betriebsbereich durchgeführt wird. [5] Der Achtungsabstand nach Satz 4 beträgt, falls der Betriebsbereich eine Biogasanlage ist, 200 m, andernfalls 2 000 m.

(2) Eine Baumaßnahme ist nach Absatz 1 genehmigungsfrei, wenn

1.

das Vorhaben den Festsetzungen des Bebauungsplans nicht widerspricht oder notwendige Ausnahmen oder Befreiungen bereits erteilt sind,

2.

notwendige Zulassungen von Abweichungen nach § 66 bereits erteilt sind,

3.

die Gemeinde der Bauherrin oder dem Bauherrn bestätigt hat, dass

a)

die Erschließung im Sinne des § 30 Abs. 1 oder 2 des Baugesetzbuchs gesichert ist und

b)

sie eine vorläufige Untersagung nach § 15 Abs. 1 Satz 2 des Baugesetzbuchs nicht beantragen wird,

4.

die nach § 65 Abs. 2 Satz 1 zu prüfenden Nachweise der Standsicherheit und des Brandschutzes und, soweit erforderlich, die Eignung der Rettungswege nach § 33 Abs. 2 Satz 3 Halbsatz 2 geprüft und bestätigt worden sind.

(3) [1] Die Bauherrin oder der Bauherr hat über die beabsichtigte Baumaßnahme eine von ihr oder ihm unterschriebene schriftliche Mitteilung, der die Bauvorlagen, ausgenommen die bautechnischen Nachweise, beizufügen sind, bei der Gemeinde einzureichen. [2] Betrifft die Baumaßnahme ein Lager für Abfälle mit einer Gesamtmenge von mehr als 15 t oder mehr als 15 m^3, so hat die Bauherrin oder der Bauherr hierauf in ihrer oder seiner Mitteilung nach Satz 1 besonders hinzuweisen. [3] Den übrigen Bauvorlagen beigefügt oder gesondert bei der Bauaufsichtsbehörde eingereicht werden können

1.

bei einer Baumaßnahme nach § 65 Abs. 3 die Nachweise der Standsicherheit und des Brandschutzes und

2.

soweit die Eignung der Rettungswege nach § 33 Abs. 2 Satz 3 Halbsatz 2 zu prüfen ist, die dafür erforderlichen Unterlagen.

(4) [1] Die Bauvorlagen müssen von einer Entwurfsverfasserin oder einem Entwurfsverfasser im Sinne des § 53 Abs. 3 Satz 2 Nr. 1, 2, 3 oder 5, unterschrieben sein, die oder der gegen Haftpflichtgefahren versichert ist, die sich aus der Wahrnehmung dieser Tätigkeit ergeben. [2] Personenschäden müssen mindestens zu 1 500 000 Euro und Sach- und Vermögensschäden mindestens zu 200 000 Euro je Versicherungsfall versichert sein. [3] Der Versicherungsschutz muss mindestens fünf Jahre über den Zeitpunkt der Beendigung des Versicherungsvertrages hinausreichen. [4] Die Leistungen des Versicherers für alle innerhalb eines Versicherungsjahres verursachten Schäden können auf das Zweifache des jeweiligen Betrages nach Satz 2 begrenzt werden. [5] Bei Entwurfsverfasserinnen und Entwurfsverfassern, die im Rahmen des europäischen Dienstleistungsverkehrs vorübergehend und gelegentlich in Niedersachsen tätig sind, gilt die Versicherungspflicht als erfüllt, wenn sie die Architektenkammer oder die Ingenieurkammer oder die zuständige Kammer eines anderen Bundeslandes über die Einzelheiten ihres Versicherungsschutzes oder einer anderen Art des individuellen oder kollektiven Schutzes vor Haftpflichtgefahren informiert haben. [6] Die Sätze 1 bis 5 gelten

nicht, wenn die Bauherrin oder der Bauherr den Entwurf selbst erstellt hat. [7] § 67 Abs. 3 Sätze 2 und 3 gilt entsprechend.

(5) [1] Die Gemeinde hat der Bauherrin oder dem Bauherrn innerhalb eines Monats nach Eingang der Unterlagen nach Absatz 3 die Bestätigung nach Absatz 2 Nr. 3 auszustellen, wenn die Erschließung im Sinne des § 30 Abs. 1 oder 2 des Baugesetzbuchs gesichert ist und wenn sie die vorläufige Untersagung nach § 15 Abs. 1 Satz 2 des Baugesetzbuchs nicht beantragen will. [2] Eine darüber hinausgehende Pflicht der Gemeinde zur Prüfung der Baumaßnahme besteht nicht. [3] Liegt eine der Voraussetzungen nach Absatz 2 Nr. 3 nicht vor, so hat die Gemeinde dies der Bauherrin oder dem Bauherrn innerhalb der Frist nach Satz 1 mitzuteilen und, wenn die Erschließung im Sinne des § 30 Abs. 1 oder 2 des Baugesetzbuchs nicht gesichert ist, die Unterlagen nach Absatz 3 zurückzugeben.

(6) Die Gemeinde legt, wenn sie nicht selbst die Aufgaben der Bauaufsichtsbehörde wahrnimmt, die Unterlagen nach Absatz 3 unverzüglich zusammen mit einer Ausfertigung ihrer Bestätigung nach Absatz 2 Nr. 3 oder, wenn sie die vorläufige Untersagung nach § 15 Abs. 1 Satz 2 des Baugesetzbuchs beantragt, zusammen mit ihrem Antrag der Bauaufsichtsbehörde vor.

(7) Über den Antrag auf vorläufige Untersagung hat die Bauaufsichtsbehörde innerhalb von zwei Wochen nach Eingang des vollständigen Antrages zu entscheiden.

(8) [1] Mit der Baumaßnahme darf erst begonnen werden, wenn die Bestätigung nach Absatz 2 Nr. 3 und, soweit erforderlich, die Bestätigung nach Absatz 2 Nr. 4 über die Eignung der Rettungswege der Bauherrin oder dem Bauherrn vorliegen. [2] Eine Baumaßnahme nach § 65 Abs. 3 darf erst begonnen werden, wenn der Bauherrin oder dem Bauherrn auch die Bestätigung der Nachweise der Standsicherheit und des Brandschutzes vorliegt. [3] Die Baumaßnahme darf mehr als drei Jahre, nachdem sie nach Satz 1 oder 2 zulässig geworden ist oder ihre Ausführung unterbrochen worden ist, nur dann begonnen oder fortgesetzt werden, wenn die Anforderungen nach den Absätzen 3 und 5 bis 7 sowie den Sätzen 1 und 2 erneut erfüllt worden sind.

(9) [1] Die Durchführung der Baumaßnahme darf von den Bauvorlagen nicht abweichen. [2] Die Bauvorlagen einschließlich der bautechnischen Nachweise müssen während der Durchführung der Baumaßnahme an der Baustelle vorgelegt werden können. [3] Satz 2 gilt auch für die Bestätigungen nach Absatz 2 Nr. 4.

(10) Die Bauherrin oder der Bauherr kann verlangen, dass für eine Baumaßnahme nach Absatz 1 das vereinfachte Baugenehmigungsverfahren durchgeführt wird.

(11) [1] Die Absätze 2 bis 10 sind nicht anzuwenden, soweit Baumaßnahmen nach Absatz 1 schon nach anderen Vorschriften keiner Baugenehmigung bedürfen. [2] Eine nach Absatz 1 genehmigungsfreie Baumaßnahme bedarf auch dann keiner Baugenehmigung, wenn nach ihrer Durchführung die Unwirksamkeit oder Nichtigkeit des Bebauungsplans festgestellt wird.

Zehnter Teil
Genehmigungsverfahren
§ 63
Vereinfachtes Baugenehmigungsverfahren

(1) [1] Das vereinfachte Baugenehmigungsverfahren wird durchgeführt für die genehmigungsbedürftige Errichtung, Änderung oder Nutzungsänderung baulicher Anlagen, mit Ausnahme von baulichen Anlagen, die nach Durchführung der Baumaßnahme Sonderbauten im Sinne des § 2 Abs. 5 sind. [2] Bei Baumaßnahmen nach Satz 1 prüft die Bauaufsichtsbehörde die Bauvorlagen nur auf ihre Vereinbarkeit mit

1.

   dem städtebaulichen Planungsrecht,

2.

   den §§ 5 bis 7, 33 Abs. 2 Satz 3 und den §§ 47 und 50,

3.

   den sonstigen Vorschriften des öffentlichen Rechts im Sinne des § 2 Abs. 16;

§ 65 bleibt unberührt. [3] § 64 Satz 2 gilt entsprechend.

(2) Über erforderliche Ausnahmen, Befreiungen und Zulassungen von Abweichungen von Vorschriften, deren Einhaltung nach Absatz 1 nicht geprüft wird, wird nur auf besonderen Antrag entschieden.

§ 64
Baugenehmigungsverfahren

[1] Bei genehmigungsbedürftigen Baumaßnahmen, die nicht im vereinfachten Baugenehmigungsverfahren nach § 63 geprüft werden, prüft die Bauaufsichtsbehörde die Bauvorlagen auf ihre Vereinbarkeit mit dem öffentlichen Baurecht. [2] Die Vereinbarkeit der Bauvorlagen mit den Anforderungen der Arbeitsstättenverordnung wird nur geprüft, wenn die Bauherrin oder der Bauherr dies verlangt. [3] § 65 bleibt unberührt.

§ 65
Bautechnische Nachweise, Typenprüfung

(1) [1] Die Einhaltung der Anforderungen an die Standsicherheit sowie den Brand-, den Schall-, den Wärme- und den Erschütterungsschutz ist nach Maßgabe der Verordnung nach § 82 Abs. 2 durch bautechnische Nachweise nachzuweisen; dies gilt nicht für verfahrensfreie Baumaßnahmen und für Baumaßnahmen im Sinne des § 60 Abs. 3 Satz 1, soweit nicht in diesem Gesetz oder in der Verordnung nach § 82 Abs. 2 anderes bestimmt ist. [2] Die Berechtigung zum Erstellen von Bauvorlagen nach § 53 Abs. 3 Satz 2 Nrn. 1 bis 4, Abs. 4 Nrn. 2 bis 4 sowie Abs. 5 bis 8 schließt die Berechtigung zur Erstellung der bautechnischen Nachweise ein, soweit nachfolgend nicht anderes bestimmt ist.

(2) [1] Für Baumaßnahmen nach den §§ 62 bis 64 sind nur

1.

    die Nachweise der Standsicherheit für bauliche Anlagen nach Absatz 3 Satz 1 und

2.

    die Nachweise des Brandschutzes für bauliche Anlagen nach Absatz 3 Satz 2

zu prüfen; im Übrigen sind die bautechnischen Nachweise nicht zu prüfen. [2] Die Bauaufsichtsbehörde kann abweichend von Satz 1 Nr. 1 die Prüfung von Nachweisen der Standsicherheit anordnen, wenn besondere statisch-konstruktive Nachweise oder Maßnahmen insbesondere wegen des Baugrundes erforderlich sind. [3] In den Fällen des §

62 gibt die Bauaufsichtsbehörde der Bauherrin oder dem Bauherrn die Nachweise, wenn sie dem öffentlichen Baurecht entsprechen, mit einer Bestätigung darüber zurück.

(3) [1] Bauliche Anlagen nach Absatz 2 Satz 1 Nr. 1 sind

1.

Wohngebäude der Gebäudeklassen 4 und 5,

2.

unterirdische Garagen mit mehr als 100 m² Nutzfläche in sonstigen Wohngebäuden,

3.

sonstige Gebäude, ausgenommen eingeschossige Gebäude bis 200 m² Grundfläche sowie eingeschossige landwirtschaftlich, forstwirtschaftlich oder erwerbsgärtnerisch genutzte Gebäude mit Dachkonstruktionen bis 6 m Stützweite, bei fachwerkartigen Dachbindern bis 20 m Stützweite,

4.

fliegende Bauten und Fahrgeschäfte, die keine fliegenden Bauten sind,

5.

Brücken mit einer lichten Weite von mehr als 5 m,

6.

Stützmauern mit einer Höhe von mehr als 3 m über der Geländeoberfläche,

7.

Tribünen mit einer Höhe von mehr als 3 m,

8.

Regale mit einer zulässigen Höhe der Oberkante des Lagerguts von mehr als 7,50 m,

9.

Behälter,

10.

sonstige bauliche Anlagen, die keine Gebäude sind, mit einer Höhe von mehr als 10 m.

[2] Bauliche Anlagen nach Absatz 2 Satz 1 Nr. 2 sind

1.

Wohngebäude der Gebäudeklassen 4 und 5,

2.

sonstige Gebäude der Gebäudeklassen 3, 4 und 5, ausgenommen eingeschossige landwirtschaftlich, forstwirtschaftlich oder erwerbsgärtnerisch genutzte Gebäude,

3.

Garagen mit mehr als 100 m² Nutzfläche, auch wenn sie Teil eines sonst anders genutzten Gebäudes sind,

4.

Sonderbauten.

[3] In den Fällen des Satzes 1 Nr. 3 und des Satzes 2 Nr. 2 bleiben Geschosse zur ausschließlichen Lagerung von Jauche und Gülle unberücksichtigt.

(4) Nachweise der Standsicherheit, die nicht nach Absatz 2 Satz 1 Nr. 1 zu prüfen sind, müssen erstellt sein von Personen, die in der von der Ingenieurkammer Niedersachsen geführten Liste der Tragwerksplanerinnen und Tragwerksplaner (§ 21 NIngG) oder in einem entsprechenden Verzeichnis in einem anderen Land eingetragen oder diesen Personen nach § 21 Abs. 5 NIngG gleichgestellt sind.

(5) Für genehmigungsbedürftige Baumaßnahmen dürfen Nachweise der Standsicherheit, die nicht nach Absatz 2 Satz 1 Nr. 1 zu prüfen sind, abweichend von Absatz 4 auch von Personen erstellt sein, die nicht die dort genannten Voraussetzungen erfüllen; die von diesen Personen erstellten Nachweise sind abweichend von Absatz 2 Satz 1 Nr. 1 zu prüfen.

(6) [1] Die Nachweise des Schall- und des Wärmeschutzes müssen von Personen erstellt sein, die die Anforderungen nach Absatz 4 oder § 53 Abs. 3 Satz 2 Nr. 1, 2 oder 3 erfüllen. [2] Diese Nachweise können auch erstellt sein

1.

für die in § 53 Abs. 4 Nr. 2 genannten Baumaßnahmen von Personen, die die Anforderungen nach § 53 Abs. 4 Nr. 2, 3 oder 4 oder Abs. 5 bis 8 erfüllen, und

2.

für die mit der Berufsaufgabe der Innenarchitektin und des Innenarchitekten verbundenen Baumaßnahmen von Personen, die die Anforderungen nach § 53 Abs. 3 Satz 2 Nr. 5 erfüllen.

(7) [1] Die Nachweise der Standsicherheit und die Nachweise der Feuerwiderstandsfähigkeit der Bauteile können, auch wenn sie nicht nach Absatz 2 zu prüfen sind, auf schriftlichen Antrag allgemein geprüft werden (Typenprüfung). [2] Absatz 4 ist im Fall einer Typenprüfung nicht anzuwenden.

(8) [1] Soweit die Typenprüfung ergibt, dass die bautechnischen Nachweise nach Absatz 7 dem öffentlichen Baurecht entsprechen, ist dies durch Bescheid festzustellen. [2] Der Bescheid wird widerruflich und in der Regel auf fünf Jahre befristet erteilt. [3] Die Befristung kann auf schriftlichen Antrag um jeweils längstens fünf Jahre verlängert werden. [4] § 67 Abs. 1 Satz 2 und § 71 Satz 4 gelten entsprechend.

(9) Bescheide über Typenprüfungen von Behörden anderer Länder gelten auch in Niedersachsen.

§ 66
Abweichungen

(1) [1] Die Bauaufsichtsbehörde kann Abweichungen von Anforderungen dieses Gesetzes und aufgrund dieses Gesetzes erlassener Vorschriften zulassen, wenn diese unter Berücksichtigung des Zwecks der jeweiligen Anforderung und unter Würdigung der öffentlich-rechtlich geschützten nachbarlichen Belange mit den öffentlichen Belangen, insbesondere den Anforderungen nach § 3 Abs. 1 vereinbar sind. [2] Es ist anzugeben, von welchen Vorschriften und in welchem Umfang eine Abweichung zugelassen wird. [3] § 83 Abs. 2 Satz 2 bleibt unberührt.

(2) [1] Die Zulassung einer Abweichung bedarf eines schriftlichen und begründeten Antrags. [2] Für Anlagen, die keiner Genehmigung bedürfen, sowie für Abweichungen von Vorschriften, deren Einhaltung nicht geprüft wird, gilt Satz 1 entsprechend.

(3) [1] Eine Abweichung wird, wenn die Erteilung einer Baugenehmigung von ihr abhängt, durch die Baugenehmigung zugelassen. [2] Wenn eine Bestätigung nach § 65 Abs. 2 Satz 3 oder eine Entscheidung nach § 65 Abs. 8 oder den §§ 72 bis 75 von der Abweichung abhängt, wird diese durch die Bestätigung oder die Entscheidung zugelassen.

(4) Wird nach Absatz 1 Satz 1 zugelassen, dass notwendige Einstellplätze innerhalb einer angemessenen Frist nach Ingebrauchnahme der baulichen Anlage hergestellt werden, so kann die Baugenehmigung von einer Sicherheitsleistung abhängig gemacht werden.

(5) Abweichungen von örtlichen Bauvorschriften nach § 84 Abs. 1 und 2 dürfen nur im Einvernehmen mit der Gemeinde zugelassen werden.

(6) Die Absätze 2 und 3 gelten auch für die Erteilung von Ausnahmen und Befreiungen nach anderen Vorschriften des öffentlichen Baurechts, soweit nichts anderes bestimmt ist.

§ 67
Bauantrag und Bauvorlagen

(1) [1] Der Antrag auf Erteilung einer Baugenehmigung (Bauantrag) ist schriftlich bei der Gemeinde einzureichen. [2] Zum Bauantrag sind alle für die Beurteilung der Baumaßnahmen und die Bearbeitung erforderlichen Unterlagen (Bauvorlagen) einzureichen.

(2) Die Bauaufsichtsbehörde kann verlangen, dass die bauliche Anlage auf dem Grundstück dargestellt wird, soweit sich in besonderen Fällen anders nicht ausreichend beurteilen lässt, wie sie sich in die Umgebung einfügt.

(3) [1] Der Bauantrag muss von der Bauherrin oder dem Bauherrn und von der Entwurfsverfasserin oder dem Entwurfsverfasser mit Tagesangabe unterschrieben sein. [2] Die Bauvorlagen müssen von der Entwurfsverfasserin oder dem Entwurfsverfasser mit Tagesangabe unterschrieben sein. [3] Die von Sachverständigen im Sinne des § 53 Abs. 2 Satz 2 angefertigten Bauvorlagen müssen auch von diesen unterschrieben sein.

§ 68
Beteiligung der Nachbarn und der Öffentlichkeit

(1) [1] Nachbarn, deren Belange eine Baumaßnahme berühren kann, dürfen die Bauvorlagen bei der Bauaufsichtsbehörde oder bei der Gemeinde einsehen. [2] Dies gilt nicht für die Teile der Bauvorlagen, die Belange der Nachbarn nicht berühren können.

(2) [1] Soll eine Abweichung oder Ausnahme von Vorschriften des öffentlichen Baurechts, die auch dem Schutz von Nachbarn dienen, zugelassen oder eine Befreiung von solchen Vorschriften erteilt werden, so soll die Bauaufsichtsbehörde den betroffenen Nachbarn, soweit sie erreichbar sind, Gelegenheit zur Stellungnahme innerhalb einer angemessenen Frist von längstens vier Wochen geben. [2] Auch in anderen Fällen kann die Bauaufsichtsbehörde nach Satz 1 verfahren, wenn eine Baumaßnahme möglicherweise Belange der Nachbarn berührt, die durch Vorschriften des öffentlichen Baurechts geschützt werden.

(3) Die Bauherrin oder der Bauherr hat der Bauaufsichtsbehörde auf Verlangen die von der Baumaßnahme betroffenen Nachbarn namhaft zu machen und Unterlagen zur Verfügung zu stellen, die zur Unterrichtung der Nachbarn erforderlich sind.

(4) Absatz 2 ist nicht anzuwenden, soweit Nachbarn der Baumaßnahme schriftlich zugestimmt haben.

(5) [1] Die Bauaufsichtsbehörde hat

1.

   Baumaßnahmen nach § 62 Abs. 1 Satz 4 und

2.

die Errichtung, Änderung oder Nutzungsänderung baulicher Anlagen, die nach
Durchführung der Baumaßnahme Sonderbauten nach § 2 Abs. 5 Satz 1 Nr. 9, 10, 11,
13 oder 14 sind und innerhalb eines Achtungsabstands nach Satz 2 um einen
Betriebsbereich im Sinne des § 3 Abs. 5a BImSchG liegen,

nach vollständiger Beibringung der Unterlagen im Sinne des § 67 in ihrem amtlichen
Veröffentlichungsblatt und außerdem entweder im Internet oder in örtlichen
Tageszeitungen, die am Ort der Baumaßnahme verbreitet sind, öffentlich bekannt zu
machen. [2] Der Achtungsabstand nach Satz 1 beträgt, falls der Betriebsbereich eine
Biogasanlage ist, 200 m, andernfalls 2 000 m. [3] Eine öffentliche Bekanntmachung nach
Satz 1 erfolgt nicht, wenn

1.

durch ein Gutachten einer oder eines nach § 29b BImSchG bekannt gegebenen
Sachverständigen nachgewiesen ist, dass die Baumaßnahme außerhalb des
angemessenen Sicherheitsabstands im Sinne des § 3 Abs. 5c BImSchG zum
Betriebsbereich durchgeführt wird, oder

2.

dem Gebot, den angemessenen Sicherheitsabstand zu wahren, bereits in einem für
die Beurteilung der Zulässigkeit der Baumaßnahme maßgeblichen Bebauungsplan
durch verbindliche Vorgaben Rechnung getragen worden ist.

[4] Absatz 1 findet im Fall einer öffentlichen Bekanntmachung nach Satz 1 keine
Anwendung. [5] Eine öffentliche Bekanntmachung ist entbehrlich, wenn durch eine
Änderung einer baulichen Anlage, die ein Sonderbau nach § 2 Abs. 5 Satz 1 Nr. 9,
10, 11, 13 oder 14 ist, eine Erhöhung der Anzahl der Nutzerinnen und Nutzer oder der
Besucherinnen und Besucher nicht eintritt. [6] Der Bauantrag und die Bauvorlagen sowie
die entscheidungserheblichen Berichte und Empfehlungen, die der Bauaufsichtsbehörde
im Zeitpunkt der Bekanntmachung vorliegen, sind nach Bekanntmachung einen Monat zur
Einsicht auszulegen. [7] § 10 Abs. 2 BImSchG gilt entsprechend. [8] Weitere Informationen,

die für die Entscheidung über die Genehmigungsfähigkeit der Baumaßnahme von Bedeutung sein können und die der Bauaufsichtsbehörde erst nach Beginn der Auslegung vorliegen, sind der Öffentlichkeit nach den Bestimmungen über den Zugang zu Umweltinformationen zugänglich zu machen. [9] Besteht für die Baumaßnahme eine Pflicht zur Umweltverträglichkeitsprüfung (UVP-Pflicht), so muss die Bekanntmachung darüber hinaus den Anforderungen des § 19 Abs. 1 des Gesetzes über die Umweltverträglichkeitsprüfung (UVPG) entsprechen. [10] Personen, deren Belange durch die Baumaßnahme berührt werden, sowie Vereinigungen, welche die Anforderungen des § 3 Abs. 1 oder des § 2 Abs. 2 des Umwelt-Rechtsbehelfsgesetzes erfüllen, können bis einen Monat nach Ablauf der Auslegungsfrist gegenüber der Bauaufsichtsbehörde schriftlich Einwendungen erheben. [11] Mit Ablauf der Einwendungsfrist sind alle öffentlich-rechtlichen Einwendungen gegen die Baumaßnahme für das Genehmigungsverfahren ausgeschlossen. [12] Einwendungen, die auf besonderen privatrechtlichen Titeln beruhen, sind auf den Rechtsweg vor den ordentlichen Gerichten zu verweisen.

(6) In der Bekanntmachung nach Absatz 5 Satz 1 ist über Folgendes zu informieren:

1.

den Gegenstand der Baumaßnahme,

2.

gegebenenfalls die Feststellung der UVP-Pflicht der Baumaßnahme nach § 5 UVPG sowie die Durchführung einer grenzüberschreitenden Beteiligung nach den §§ 54 bis 56 UVPG,

3.

die für die Genehmigung zuständige Behörde, bei der der Bauantrag nebst Unterlagen zur Einsicht ausgelegt wird, sowie wo und wann Einsicht genommen werden kann,

4.

dass etwaige Einwendungen von Personen und Vereinigungen nach Absatz 5 Satz 10 bei einer in der Bekanntmachung bezeichneten Stelle innerhalb der

Einwendungsfrist nach Absatz 5 Satz 10 vorzubringen sind; dabei ist auf die Rechtsfolgen nach Absatz 5 Satz 11 hinzuweisen,

5.

die Art möglicher Entscheidungen oder, soweit vorhanden, den Entscheidungsentwurf,

6.

dass die Zustellung der Entscheidung über die Einwendungen durch öffentliche Bekanntmachung ersetzt werden kann,

7.

gegebenenfalls weitere Einzelheiten des Verfahrens zur Unterrichtung der Öffentlichkeit und Anhörung der in Absatz 5 Satz 10 genannten Personen und Vereinigungen.

(7) [1] Wurde eine öffentliche Bekanntmachung der Baumaßnahme nach Absatz 5 durchgeführt, so sind in der Begründung der Baugenehmigung die wesentlichen tatsächlichen und rechtlichen Gründe, die die Behörde zu ihrer Entscheidung bewogen haben, sowie die Behandlung der Einwendungen und Angaben über das Verfahren zur Beteiligung der Öffentlichkeit aufzunehmen. [2] Die Baugenehmigung ist der Bauherrin oder dem Bauherrn sowie Personen und Vereinigungen nach Absatz 5 Satz 10, die Einwendungen erhoben haben, zuzustellen. [3] Haben mehr als 50 Personen oder Vereinigungen nach Absatz 5 Satz 10 Einwendungen erhoben, so kann die Zustellung an diese durch die öffentliche Bekanntmachung nach Absatz 8 ersetzt werden.

(8) [1] Wurde eine öffentliche Bekanntmachung der Baumaßnahme nach Absatz 5 durchgeführt, so ist die Baugenehmigung öffentlich bekannt zu machen. [2] Die öffentliche Bekanntmachung wird dadurch bewirkt, dass der verfügende Teil des Bescheids und die Rechtsbehelfsbelehrung in entsprechender Anwendung des Absatzes 5 Satz 1 bekannt gemacht werden; auf Auflagen ist hinzuweisen. [3] Eine Ausfertigung der gesamten Baugenehmigung ist ab dem Tag nach der Bekanntmachung zwei Wochen zur Einsicht auszulegen. [4] In der öffentlichen Bekanntmachung ist anzugeben, wo und wann der

Bescheid und seine Begründung eingesehen und nach Satz 6 angefordert werden können. [5] Mit dem Ende der Auslegungsfrist gilt der Bescheid auch Dritten gegenüber, die keine Einwendungen erhoben haben, als zugestellt; darauf ist in der Bekanntmachung hinzuweisen. [6] Nach der öffentlichen Bekanntmachung können der Bescheid und seine Begründung bis zum Ablauf der Rechtsbehelfsfrist von Personen und Vereinigungen nach Absatz 5 Satz 10, die Einwendungen erhoben haben, schriftlich angefordert werden.

§ 69
Behandlung des Bauantrags

(1) Die Gemeinde hat, wenn sie nicht selbst die Aufgaben der Bauaufsichtsbehörde wahrnimmt, den Bauantrag innerhalb von einer Woche an die Bauaufsichtsbehörde weiterzuleiten.

(2) [1] Sind der Bauantrag oder die Bauvorlagen unvollständig oder weisen sie sonstige erhebliche Mängel auf, so fordert die Bauaufsichtsbehörde die Bauherrin oder den Bauherrn zur Behebung der Mängel innerhalb einer angemessenen Frist auf. [2] Werden die Mängel innerhalb der Frist nicht behoben, so soll die Bauaufsichtsbehörde die Bearbeitung des Bauantrages unter Angabe der Gründe ablehnen.

(3) [1] Die Bauaufsichtsbehörde hört zum Bauantrag diejenigen Behörden und Stellen an,

1.

    deren Beteiligung für die Entscheidung über den Bauantrag durch Rechtsvorschrift vorgeschrieben ist, oder

2.

    ohne deren Stellungnahme die Genehmigungsfähigkeit der Baumaßnahme nicht beurteilt werden kann.

[2] Eine Anhörung nach Satz 1 ist nicht erforderlich, wenn die jeweilige Behörde oder Stelle der Baumaßnahme bereits schriftlich zugestimmt hat. [3] Äußert sich eine Behörde, die im Baugenehmigungsverfahren nach Satz 1 angehört wird, nicht innerhalb von zwei Wochen oder verlangt sie nicht innerhalb dieser Frist unter Angabe der Gründe eine weitere Frist von längstens einem Monat für ihre Stellungnahme, so kann die Bauaufsichtsbehörde

davon ausgehen, dass die Baumaßnahme mit den von dieser Behörde wahrzunehmenden öffentlichen Belangen in Einklang steht.

(4) Bedarf die Baugenehmigung nach landesrechtlichen Vorschriften der Zustimmung oder des Einvernehmens einer anderen Behörde, so gelten diese als erteilt, wenn sie nicht innerhalb eines Monats nach Eingang des Ersuchens unter Angabe der Gründe verweigert werden.

(5) Erhebt ein Nachbar Einwendungen gegen die Baumaßnahme, so hat die Bauaufsichtsbehörde die Bauherrin oder den Bauherrn davon zu unterrichten.

§ 70
Baugenehmigung und Teilbaugenehmigung

(1) [1] Die Baugenehmigung ist zu erteilen, wenn die Baumaßnahme, soweit sie genehmigungsbedürftig ist und soweit eine Prüfung erforderlich ist, dem öffentlichen Baurecht entspricht. [2] Die durch eine Umweltverträglichkeitsprüfung ermittelten, beschriebenen und bewerteten Umweltauswirkungen sind nach Maßgabe der hierfür geltenden Vorschriften zu berücksichtigen. [3] Die Baugenehmigung bedarf der Schriftform.

(2) [1] Bauliche Anlagen, die nur auf beschränkte Zeit errichtet werden dürfen oder sollen, Werbeanlagen und Warenautomaten können widerruflich oder befristet genehmigt werden. [2] Behelfsbauten dürfen nur widerruflich oder befristet genehmigt werden.

(3) [1] Ist ein Bauantrag eingereicht, so kann der Beginn der Bauarbeiten für die Baugrube und für einzelne Bauteile oder Bauabschnitte auf schriftlichen Antrag schon vor Erteilung der Baugenehmigung schriftlich zugelassen werden, wenn nach dem Stand der Prüfung des Bauantrags gegen die Teilausführung keine Bedenken bestehen (Teilbaugenehmigung). [2] Absatz 1 gilt sinngemäß.

(4) In der Baugenehmigung können für die bereits genehmigten Teile der Baumaßnahme, auch wenn sie schon durchgeführt sind, zusätzliche Anforderungen gestellt werden, wenn sie sich bei der weiteren Prüfung der Bauvorlagen als erforderlich herausstellen.

(5) [1] Hat ein Nachbar Einwendungen gegen die Baumaßnahme erhoben, so ist die Baugenehmigung oder die Teilbaugenehmigung mit dem Teil der Bauvorlagen, auf den sich die Einwendungen beziehen, ihm mit einer Rechtsbehelfsbelehrung zuzustellen. [2] Die

Baugenehmigung oder die Teilbaugenehmigung ist auf Verlangen der Bauherrin oder des Bauherrn auch Nachbarn, die keine Einwendungen erhoben haben, mit einer Rechtsbehelfsbelehrung zuzustellen.

(6) Die Baugenehmigung und die Teilbaugenehmigung gelten auch für und gegen die Rechtsnachfolger der Bauherrin oder des Bauherrn und der Nachbarn.

§ 71
Geltungsdauer der Baugenehmigung und der Teilbaugenehmigung

[1] Die Baugenehmigung und die Teilbaugenehmigung erlöschen, wenn innerhalb von drei Jahren nach ihrer Erteilung mit der Ausführung der Baumaßnahme nicht begonnen oder wenn die Ausführung drei Jahre lang unterbrochen worden ist. [2] Wird die Baugenehmigung oder die Teilbaugenehmigung angefochten, so wird der Lauf der Frist bis zur rechtskräftigen Entscheidung gehemmt. [3] Die Frist kann auf schriftlichen Antrag um jeweils höchstens drei Jahre verlängert werden. [4] Sie kann rückwirkend verlängert werden, wenn der Antrag vor Fristablauf bei der Bauaufsichtsbehörde eingegangen ist.

§ 72
Durchführung baugenehmigungsbedürftiger Baumaßnahmen

(1) [1] Vor Erteilung der Baugenehmigung darf mit der Baumaßnahme nicht begonnen werden. [2] Sie darf nur so durchgeführt werden, wie sie genehmigt worden ist. [3] Baugenehmigung und Bauvorlagen müssen während der Ausführung von Bauarbeiten an der Baustelle vorgelegt werden können. [4] Satz 3 gilt auch für bautechnische Nachweise, die nicht zu prüfen sind.

(2) Die Bauaufsichtsbehörde kann im Einzelfall anordnen, dass die Grundfläche der baulichen Anlage abgesteckt oder ihre Höhenlage festgelegt wird und die Absteckung oder die Festlegung vor Baubeginn von ihr abgenommen werden muss.

§ 73
Bauvoranfrage und Bauvorbescheid

(1) [1] Für eine Baumaßnahme ist auf Antrag (Bauvoranfrage) über einzelne Fragen, über die im Baugenehmigungsverfahren zu entscheiden wäre und die selbständig beurteilt werden können, durch Bauvorbescheid zu entscheiden. [2] Dies gilt auch für die Frage, ob eine Baumaßnahme nach städtebaulichem Planungsrecht zulässig ist.

(2) [1] Der Bauvorbescheid erlischt, wenn nicht innerhalb von drei Jahren nach seiner Erteilung der Bauantrag gestellt wird. [2] Im Übrigen gelten die §§ 67 bis 70 und § 71 Sätze 2 bis 4 sinngemäß.

§ 74
Bauaufsichtliche Zustimmung

(1) [1] Ist der Bund oder ein Land Bauherr, so tritt an die Stelle einer sonst erforderlichen Baugenehmigung die Zustimmung der obersten Bauaufsichtsbehörde, wenn

1.

die Leitung der Entwurfsarbeiten und die Überwachung der Bauarbeiten in der Bauverwaltung des Bundes oder des Landes einer bediensteten Person übertragen sind, die die Anforderungen nach § 57 Abs. 4 Satz 2 oder entsprechende Anforderungen erfüllt und ein Hochschulstudium der Fachrichtung Hochbau oder Bauingenieurwesen abgeschlossen hat, und

2.

die bedienstete Person bei der Erfüllung der ihr übertragenen Aufgaben ausreichend von sonstigen geeigneten Fachkräften unterstützt wird.

[2] Dies gilt entsprechend für Baumaßnahmen anderer Bauherrinnen oder Bauherren, wenn das Staatliche Baumanagement Niedersachsen oder die Klosterkammer Hannover die Entwurfsarbeiten leitet und die Bauarbeiten überwacht.

(2) [1] Der Antrag auf Zustimmung ist bei der obersten Bauaufsichtsbehörde einzureichen. [2] § 67 Abs. 1 Satz 2, § 68, § 69 Abs. 2 bis 5 und die §§ 70 bis 72 Abs. 1 Satz 2 und § 73 gelten für das Zustimmungsverfahren sinngemäß. [3] Die Gemeinde ist, soweit

nicht andere Vorschriften eine weitergehende Beteiligung erfordern, zu der Baumaßnahme zu hören.

(3) Die Öffentlichkeitsbeteiligung nach § 68 Abs. 5 und 6 und die öffentliche Bekanntmachung nach § 68 Abs. 8 führen

1.

in den Fällen des Absatzes 1 Satz 1 die Bauverwaltung des Bundes oder des Landes sowie

2.

in den Fällen des Absatzes 1 Satz 2 das Staatliche Baumanagement Niedersachsen oder die Klosterkammer Hannover

durch.

(4) [1] Im Zustimmungsverfahren wird die Baumaßnahme nur auf ihre Vereinbarkeit mit dem städtebaulichen Planungsrecht und dem Niedersächsischen Denkmalschutzgesetz geprüft und, falls erforderlich, die Entscheidung nach § 17 des Bundesnaturschutzgesetzes in Verbindung mit § 7 des Niedersächsischen Ausführungsgesetzes zum Bundesnaturschutzgesetz getroffen. [2] Die oberste Bauaufsichtsbehörde entscheidet über Abweichungen, Ausnahmen und Befreiungen von den nach Satz 1 zu prüfenden Vorschriften sowie von anderen Vorschriften des öffentlichen Baurechts, soweit sie auch dem Schutz von Nachbarn dienen und die Nachbarn der Baumaßnahme nicht zugestimmt haben. [3] Im Übrigen bedürfen Abweichungen, Ausnahmen und Befreiungen keiner bauaufsichtlichen Entscheidung.

(5) [1] Baumaßnahmen, die der Landesverteidigung dienen, bedürfen weder einer Baugenehmigung noch einer Zustimmung nach Absatz 1. [2] Sie sind stattdessen der obersten Bauaufsichtsbehörde vor Baubeginn zur Kenntnis zu bringen.

(6) Eine Bauüberwachung und Bauabnahmen durch Bauaufsichtsbehörden finden in Fällen der Absätze 1 und 5 nicht statt.

§ 75
Genehmigung fliegender Bauten

(1) [1] Fliegende Bauten sind bauliche Anlagen, die geeignet und bestimmt sind, an verschiedenen Orten wiederholt und befristet aufgestellt und wieder abgebaut zu werden. [2] Baustelleneinrichtungen, Baugerüste, Zelte, die dem Wohnen dienen, und Wohnwagen gelten nicht als fliegende Bauten.

(2) [1] Fliegende Bauten bedürfen keiner Baugenehmigung. [2] Ein fliegender Bau darf jedoch zum Gebrauch nur aufgestellt werden, wenn für diesen eine Ausführungsgenehmigung erteilt worden ist. [3] Keiner Ausführungsgenehmigung bedarf es

1.

für die in Nummer 11 des Anhangs genannten fliegenden Bauten,

2.

unter den Voraussetzungen des § 74 Abs. 1,

3.

für fliegende Bauten, die der Landesverteidigung dienen.

(3) [1] Die Ausführungsgenehmigung wird auf schriftlichen Antrag erteilt; sie wird auf längstens fünf Jahre befristet. [2] Die Befristung kann auf schriftlichen Antrag um jeweils längstens fünf Jahre verlängert werden. [3] Die Ausführungsgenehmigung und die Verlängerung einer Befristung werden in einem Prüfbuch erteilt, in das eine Ausfertigung der mit Genehmigungsvermerk versehenen Bauvorlagen einzufügen ist. [4] Ausführungsgenehmigungen anderer Länder gelten auch in Niedersachsen.

(4) [1] Die Inhaberin oder der Inhaber einer Ausführungsgenehmigung hat die Änderung ihres oder seines Wohnsitzes oder ihrer oder seiner gewerblichen Niederlassung oder die Übertragung eines fliegenden Baues an einen Dritten der für die Ausführungsgenehmigung zuständigen Behörde oder Stelle anzuzeigen. [2] Sie oder er hat das Prüfbuch der zuständigen Behörde oder Stelle zur Änderung der Eintragungen vorzulegen. [3] Die Behörde oder Stelle hat die Änderungen in das Prüfbuch einzutragen

und sie, wenn mit den Änderungen ein Wechsel der Zuständigkeit verbunden ist, der nunmehr zuständigen Behörde oder Stelle mitzuteilen.

(5) [1] Die Aufstellung fliegender Bauten, die einer Ausführungsgenehmigung bedürfen, muss rechtzeitig vorher der Bauaufsichtsbehörde des Aufstellungsortes unter Vorlage des Prüfbuchs angezeigt werden. [2] Diese fliegenden Bauten dürfen unbeschadet anderer Vorschriften nur in Gebrauch genommen werden, wenn die Bauaufsichtsbehörde sie abgenommen hat (Gebrauchsabnahme). [3] Das Ergebnis der Gebrauchsabnahme ist in das Prüfbuch einzutragen. [4] Die Bauaufsichtsbehörde kann im Einzelfall auf die Gebrauchsabnahme verzichten.

(6) [1] Die Bauaufsichtsbehörde hat die erforderlichen Anordnungen zu treffen oder die Aufstellung oder den Gebrauch fliegender Bauten zu untersagen, soweit dies nach den örtlichen Verhältnissen oder zur Abwehr von Gefahren erforderlich ist, insbesondere weil die Betriebs- oder Standsicherheit nicht oder nicht mehr gewährleistet ist oder weil von der Ausführungsgenehmigung abgewichen wird. [2] Wird die Aufstellung oder der Gebrauch aufgrund von Mängeln am fliegenden Bau untersagt, so ist dies in das Prüfbuch einzutragen; die für die Ausführungsgenehmigung zuständige Behörde oder Stelle ist zu benachrichtigen. [3] Das Prüfbuch ist einzuziehen und der für die Ausführungsgenehmigung zuständigen Behörde oder Stelle zuzuleiten, wenn die Herstellung ordnungsgemäßer Zustände innerhalb angemessener Frist nicht zu erwarten ist.

(7) [1] Bei fliegenden Bauten, die längere Zeit an einem Aufstellungsort betrieben werden, kann die für die Gebrauchsabnahme zuständige Bauaufsichtsbehörde weitere Abnahmen durchführen. [2] Das Ergebnis dieser Abnahmen ist in das Prüfbuch einzutragen.

(8) § 67 Abs. 1 Satz 2, § 70 Abs. 1 Satz 1, § 71 Satz 4, § 77 Abs. 3 und 5 und § 82 Abs. 2 Nr. 7 gelten sinngemäß.

Elfter Teil
Sonstige Vorschriften über die Bauaufsicht
§ 76
Bauüberwachung

(1) [1] Die Bauaufsichtsbehörde kann die Einhaltung der öffentlich-rechtlichen Vorschriften und Anforderungen sowie die ordnungsgemäße Erfüllung der Pflichten der am Bau

Beteiligten überprüfen. [2] Sie kann verlangen, dass Beginn und Ende bestimmter Bauarbeiten angezeigt werden.

(2) [1] Die mit der Bauüberwachung beauftragten Personen können Einblick in Genehmigungen, Zulassungen, Prüfzeugnisse, Übereinstimmungserklärungen, Übereinstimmungszertifikate, Überwachungsnachweise, in Zeugnisse und Aufzeichnungen über die Prüfung von Bauprodukten, in Bautagebücher und in vorgeschriebene andere Aufzeichnungen verlangen. [2] Sie dürfen Proben von Bauprodukten, soweit erforderlich auch aus fertigen Bauteilen, entnehmen und prüfen oder prüfen lassen. [3] Die Bauherrin oder der Bauherr oder die Unternehmerinnen oder Unternehmer haben auf Verlangen die für die Überwachung erforderlichen Arbeitskräfte und Geräte zur Verfügung zu stellen.

(3) Die Bauaufsichtsbehörde kann verlangen, dass ihr von der Bauherrin oder dem Bauherrn ein Nachweis einer Vermessungs- und Katasterbehörde, einer anderen zu Vermessungen für die Einrichtung und Fortführung der Landesvermessung und des Liegenschaftskatasters befugten behördlichen Vermessungsstelle, einer Öffentlich bestellten Vermessungsingenieurin odor eines Öffentlich bestellten Vermessungsingenieurs darüber vorgelegt wird, dass die Abstände sowie die Grundflächen und Höhenlagen eingehalten sind.

§ 77
Bauabnahmen

(1) Soweit es zur Wirksamkeit der Bauüberwachung, insbesondere zur Beurteilung von kritischen Bauzuständen, erforderlich ist, kann in der Baugenehmigung oder der Teilbaugenehmigung, aber auch noch während der Baudurchführung die Abnahme

1.

  bestimmter Bauteile oder Bauarbeiten,

2.

  der baulichen Anlage nach Vollendung der tragenden Teile, der Schornsteine, der Brandwände und der Dachkonstruktion (Rohbauabnahme) und

3.

der baulichen Anlage nach ihrer Fertigstellung (Schlussabnahme) angeordnet werden.

(2) [1] Bei der Rohbauabnahme müssen alle Teile der baulichen Anlage sicher zugänglich sein, die für die Standsicherheit und für den Brandschutz wesentlich sind. [2] Sie sind, soweit möglich, offen zu halten, damit Maße und Ausführungsart geprüft werden können.

(3) [1] Die Bauherrin oder der Bauherr hat der Bauaufsichtsbehörde rechtzeitig schriftlich mitzuteilen, wann die Voraussetzungen für die Abnahmen gegeben sind. [2] § 76 Abs. 2 Satz 3 gilt entsprechend.

(4) Zur Rohbauabnahme muss über die Tauglichkeit der Schornsteine und Leitungen zur Abführung der Abgase oder Verbrennungsgase und zur Schlussabnahme über die sichere Benutzbarkeit der Feuerungsanlagen, der ortsfesten Verbrennungsmotoren und der Blockheizkraftwerke die Bescheinigung der Bezirksschornsteinfegermeisterin oder des Bezirksschornsteinfegermeisters vorliegen.

(5) [1] Bei nicht nur geringfügigen Mängeln kann die Bauaufsichtsbehörde die Abnahme ablehnen. [2] Über die Abnahme ist eine Bescheinigung auszustellen (Abnahmeschein).

(6) [1] Die Bauaufsichtsbehörde kann verlangen, dass bestimmte Bauarbeiten erst nach einer nach Absatz 1 Nr. 1 oder 2 angeordneten Abnahme durchgeführt oder fortgesetzt werden. [2] Sie kann aus Gründen des § 3 Abs. 1 auch verlangen, dass eine bauliche Anlage erst nach der Schlussabnahme in Gebrauch genommen wird.

§ 78
Regelmäßige Überprüfung

Soweit es erforderlich ist, um die Erfüllung der Anforderungen nach § 3 zu sichern, kann die Bauaufsichtsbehörde eine regelmäßige Überprüfung von baulichen Anlagen oder von Teilen baulicher Anlagen durch die Bauaufsichtsbehörde oder durch Sachkundige oder Sachverständige vorschreiben und Art, Umfang, Häufigkeit und Nachweis der Überprüfung näher regeln, soweit dies nicht durch Verordnung nach § 82 Abs. 1 Nr. 5 geregelt ist.

§ 79

Baurechtswidrige Zustände, Bauprodukte und
Baumaßnahmen sowie verfallende bauliche Anlagen

(1) [1] Widersprechen bauliche Anlagen, Grundstücke, Bauprodukte oder Baumaßnahmen dem öffentlichen Baurecht oder ist dies zu besorgen, so kann die Bauaufsichtsbehörde nach pflichtgemäßem Ermessen die Maßnahmen anordnen, die zur Herstellung oder Sicherung rechtmäßiger Zustände erforderlich sind. [2] Sie kann namentlich

1.

die Einstellung rechtswidriger und die Ausführung erforderlicher Arbeiten verlangen,

2.

die Einstellung der Arbeiten anordnen, wenn Bauprodukte verwendet werden, die unberechtigt mit dem CE-Zeichen (§ 17 Abs. 1 Satz 1 Nr. 2) oder mit dem Ü-Zeichen (§ 22 Abs. 4) gekennzeichnet sind oder ein erforderliches CE-oder Ü-Zeichen nicht tragen,

3.

die Verwendung von Bauprodukten, die entgegen § 22 mit dem Ü-Zeichen gekennzeichnet sind, untersagen und deren Kennzeichnung ungültig machen oder beseitigen lassen,

4.

die Beseitigung von Anlagen oder Teilen von Anlagen anordnen,

5.

die Benutzung von Anlagen untersagen, insbesondere Wohnungen für unbewohnbar erklären.

[3] Die Bauaufsichtsbehörde hat ihre Anordnungen an die Personen zu richten, die nach den §§ 52 bis 56 verantwortlich sind. [4] Nach Maßgabe des Niedersächsischen Gesetzes über die öffentliche Sicherheit und Ordnung kann sie auch nicht verantwortliche Personen

in Anspruch nehmen. [5] Die Anordnungen der Bauaufsichtsbehörde gelten auch gegenüber den Rechtsnachfolgern der Personen, an die die Anordnungen gerichtet sind.

(2) Die Bauaufsichtsbehörde kann bauliche Anlagen, Teile baulicher Anlagen und Arbeitsstellen versiegeln und Bauprodukte, Geräte, Maschinen und Hilfsmittel sicherstellen, soweit dies zur Durchsetzung von Anordnungen nach Absatz 1 erforderlich ist.

(3) [1] Soweit bauliche Anlagen nicht genutzt werden und verfallen, kann die Bauaufsichtsbehörde die nach § 56 verantwortlichen Personen verpflichten, die baulichen Anlagen abzubrechen oder zu beseitigen, es sei denn, dass ein öffentliches oder schutzwürdiges privates Interesse an ihrer Erhaltung besteht. [2] Für die Grundstücke gilt § 9 Abs. 1 Satz 1 und Abs. 2 entsprechend.

(4) Die Bauaufsichtsbehörde soll vor Anordnungen nach den Absätzen 1 und 3 die Angelegenheit mit den Betroffenen erörtern, soweit die Umstände nicht ein sofortiges Einschreiten erfordern.

§ 80
Ordnungswidrigkeiten

(1) Ordnungswidrig handelt, wer vorsätzlich oder fahrlässig

1.

Bauarbeiten ohne Abgrenzungen, Warnzeichen, Schutzvorrichtungen oder Schutzmaßnahmen durchführt oder durchführen lässt, die nach § 11 Abs. 1 oder 2 erforderlich sind,

2.

entgegen § 11 Abs. 3 ein Bauschild nicht anbringt,

3.

ein Bauprodukt ohne das nach § 17 Abs. 1 Satz 1 Nr. 1 erforderliche Ü-Zeichen verwendet,

4.

eine Bauart ohne eine nach § 21 Abs. 1 Satz 1 Nr. 1 erforderliche allgemeine bauaufsichtliche Zulassung, eine nach § 21 Abs. 1 Satz 1 Nr. 2 erforderliche Zustimmung im Einzelfall oder ein nach § 21 Abs. 1 Satz 2 erforderliches allgemeines bauaufsichtliches Prüfzeugnis anwendet,

5.

ein Bauprodukt mit dem Ü-Zeichen kennzeichnet, ohne dass dafür die Voraussetzungen nach § 22 Abs. 4 vorliegen,

6.

entgegen § 52 Abs. 2 Satz 3 oder 4 eine vorgeschriebene Mitteilung an die Bauaufsichtsbehörde nicht macht,

7.

in einem Fall des § 62 oder, soweit die Bauaufsichtsbehörde die Baumaßnahme nicht prüft, in einem Fall des § 63 oder 64 als Entwurfsverfasserin, Entwurfsverfasser, Sachverständige oder Sachverständiger nicht dafür sorgt, dass der Entwurf dem öffentlichen Baurecht entspricht (§ 53 Abs. 1 und 2),

8.

entgegen § 54 Abs. 1 Satz 2 einen vorgeschriebenen Nachweis nicht erbringt oder nicht auf der Baustelle bereithält,

9.

entgegen § 55 Abs. 1 Satz 1 eine Baumaßnahme nicht überwacht,

10.

eine Baumaßnahme ohne die erforderliche Baugenehmigung (§ 59 Abs. 1) oder abweichend von der Baugenehmigung durchführt oder durchführen lässt,

11.

ein Hochhaus oder einen nicht im Anhang genannten Teil einer baulichen Anlage ohne die nach § 60 Abs. 3 erforderliche Anzeige abbricht oder beseitigt oder mit dem Abbruch oder der Beseitigung eines Hochhauses oder eines nicht im Anhang genannten Teils einer baulichen Anlage vor Ablauf der Frist nach § 60 Abs. 3 Satz 5 beginnt,

12.

eine Baumaßnahme nach § 62 ohne die Bestätigung nach § 62 Abs. 2 Nr. 3 oder 4 oder entgegen § 62 Abs. 8 Satz 3 durchführt oder durchführen lässt,

13.

eine Baumaßnahme entgegen § 62 Abs. 9 Satz 1 abweichend von den Bauvorlagen durchführt oder durchführen lässt,

14.

eine Baumaßnahme ohne die notwendige Zulassung einer Abweichung oder ohne die notwendige Erteilung einer Ausnahme oder Befreiung (§ 66) oder abweichend von einer zugelassenen Abweichung oder einer erteilten Ausnahme oder Befreiung durchführt oder durchführen lässt,

15.

einen fliegenden Bau

a)

ohne die nach § 75 Abs. 2 erforderliche Ausführungsgenehmigung aufstellt,

b)

ohne die nach § 75 Abs. 5 Satz 1 erforderliche Anzeige aufstellt oder

c)

ohne die nach § 75 Abs. 5 Satz 2 erforderliche Gebrauchsabnahme in Gebrauch nimmt,

16.

eine bauliche Anlage entgegen einer vollziehbaren Anordnung nach § 77 Abs. 6 Satz 2 vor einer Schlussabnahme in Gebrauch nimmt.

(2) Ordnungswidrig handelt, wer einer vollziehbaren schriftlichen Anordnung der Bauaufsichtsbehörde zuwiderhandelt, die nach diesem Gesetz oder nach Vorschriften aufgrund dieses Gesetzes erlassen worden ist und auf diese Bußgeldvorschrift verweist.

(3) Ordnungswidrig handelt, wer einer aufgrund dieses Gesetzes ergangenen Verordnung oder örtlichen Bauvorschrift zuwiderhandelt, wenn die Verordnung oder die örtliche Bauvorschrift für einen bestimmten Tatbestand auf diese Bußgeldvorschrift verweist.

(4) Ordnungswidrig handelt, wer wider besseres Wissen unrichtige Angaben macht oder unrichtige Pläne oder Unterlagen vorlegt, um einen Verwaltungsakt nach diesem Gesetz oder nach Vorschriften aufgrund dieses Gesetzes zu erwirken oder zu verhindern.

(5) Die Ordnungswidrigkeiten nach Absatz 1 Nrn. 3 bis 5, 7 und 10 bis 15 sowie nach Absatz 3 können mit einer Geldbuße bis zu 500 000 Euro, die übrigen Ordnungswidrigkeiten mit einer Geldbuße bis zu 50 000 Euro geahndet werden.

(6) [1] Bei Ordnungswidrigkeiten nach Absatz 1 Nrn. 3 und 5 können die dort bezeichneten Bauprodukte eingezogen werden. [2] § 23 des Gesetzes über Ordnungswidrigkeiten ist anzuwenden.

§ 81
Baulasten, Baulastenverzeichnis

(1) [1] Durch Erklärung gegenüber der Bauaufsichtsbehörde können Grundstückseigentümer öffentlich-rechtliche Verpflichtungen zu einem ihre Grundstücke betreffendes Tun, Dulden oder Unterlassen übernehmen, die sich nicht schon aus dem öffentlichen Baurecht ergeben (Baulasten). [2] Baulasten werden mit der Eintragung in das Baulastenverzeichnis wirksam und wirken auch gegenüber den Rechtsnachfolgern.

(2) Die Erklärung nach Absatz 1 bedarf der Schriftform; die Unterschrift muss öffentlich, von einer Gemeinde oder von einer Vermessungsstelle nach § 6 Abs. 1, 2 oder 3 des Niedersächsischen Gesetzes über das amtliche Vermessungswesen beglaubigt sein, wenn sie nicht vor der Bauaufsichtsbehörde geleistet oder vor ihr anerkannt wird.

(3) [1] Die Bauaufsichtsbehörde kann die Baulast löschen, wenn ein öffentliches und privates Interesse an der Baulast nicht mehr besteht. [2] Auf Antrag des Eigentümers eines begünstigten oder des belasteten Grundstücks hat die Bauaufsichtsbehörde die Baulast zu löschen, wenn die Voraussetzungen nach Satz 1 erfüllt sind. [3] Vor der Löschung sind die Eigentümer der begünstigten Grundstücke zu hören; die Frist zur Äußerung beträgt zwei Wochen. [4] Die Löschung wird mit ihrer Eintragung im Baulastenverzeichnis wirksam. [5] Von der Löschung sind die Eigentümer des belasteten Grundstücks und der begünstigten Grundstücke zu benachrichtigen.

(4) [1] Das Baulastenverzeichnis wird von der Bauaufsichtsbehörde geführt. [2] In das Baulastenverzeichnis können auch eingetragen werden, soweit ein öffentliches Interesse an der Eintragung besteht,

1.

Verpflichtungen des Eigentümers zu einem sein Grundstück betreffendes Tun, Dulden oder Unterlassen, die sich aus öffentlichem Baurecht ergeben, und

2.

Bedingungen, Befristungen und Widerrufsvorbehalte.

(5) Wer ein berechtigtes Interesse darlegt, kann das Baulastenverzeichnis einsehen und sich Auszüge erteilen lassen.

Zwölfter Teil

Ausführungsvorschriften,

Übergangs- und Schlussvorschriften

§ 82

Verordnungen

(1) Zur Verwirklichung der in § 3 bezeichneten Anforderungen kann die oberste Bauaufsichtsbehörde durch Verordnung

1.

    die allgemeinen Anforderungen nach den §§ 4 bis 50 näher bestimmen,

2.

    weitere Anforderungen an Feuerungsanlagen und an sonstige Anlagen zur Energieerzeugung, an Brennstoffversorgungsanlagen und an die Brennstofflagerung (§ 40) regeln,

3.

    weitere Anforderungen an Garagen und Stellplätze sowie die Anwendung solcher Anforderungen auf bestehende Garagen und Stellplätze regeln,

4.

    die nach § 51 zulässigen besonderen Anforderungen und Erleichterungen allgemein festsetzen sowie die Anwendung solcher Anforderungen und Erleichterungen auf bestehende Sonderbauten regeln,

5.

    eine regelmäßige Überprüfung von baulichen Anlagen oder von Teilen baulicher Anlagen durch die Bauaufsichtsbehörde oder durch Sachkundige oder Sachverständige allgemein vorschreiben, Art, Umfang, Häufigkeit und Nachweis der Überprüfung näher regeln und die Einbeziehung bestehender baulicher Anlagen in regelmäßige Überprüfungen regeln.

(2) Die oberste Bauaufsichtsbehörde kann durch Verordnung

1.

einzelne Aufgaben der unteren Bauaufsichtsbehörden, wie die Prüfung von Bauvorlagen, die Bauüberwachung und die Bauabnahmen sowie die regelmäßige Überprüfung auf Personen oder Stellen übertragen, die nach ihrer Ausbildung, Fachkenntnis, persönlichen Zuverlässigkeit und ihren Leistungen die Gewähr dafür bieten, dass die Aufgaben dem öffentlichen Baurecht entsprechend wahrgenommen werden,

2.

die Ermächtigung nach Nummer 1 auf die unteren Bauaufsichtsbehörden übertragen,

3.

die Voraussetzungen festlegen, die Sachkundige, Sachverständige, Einrichtungen und Stellen, die nach diesem Gesetz oder nach Vorschriften aufgrund dieses Gesetzes tätig werden können, zu erfüllen haben, wobei insbesondere Mindestanforderungen an die Ausbildung, die Fachkenntnisse und die Berufserfahrung gestellt sowie der Nachweis der persönlichen Zuverlässigkeit gefordert werden können,

4.

für Sachkundige, Sachverständige, Einrichtungen und Stellen, die nach diesem Gesetz oder nach Vorschriften aufgrund dieses Gesetzes tätig werden können und dafür einer Anerkennung bedürfen, und für natürliche und juristische Personen, Stellen und Behörden im Sinne des § 25 das Anerkennungsverfahren, die Voraussetzungen für die Anerkennung, deren Widerruf, Rücknahme und Erlöschen regeln, insbesondere auch Altersgrenzen festlegen, sowie eine ausreichende Haftpflichtversicherung fordern,

5.

die Fachaufsicht in den Fällen der Übertragung nach den Nummern 1 und 2 und für die in Nummer 3 genannten Personen, Einrichtungen und Stellen regeln,

6.

die Anwesenheit fachkundiger Personen beim Betrieb von Bühnenbetrieben, technisch schwierigen fliegenden Bauten und anderen technisch schwierigen baulichen Anlagen vorschreiben und entsprechend Nummer 3 Anforderungen an die fachkundigen Personen stellen und hierüber einen Nachweis verlangen,

7.

Umfang, Inhalt und Form des Bauantrags und anderer Anträge sowie der Bauvorlagen, Anzeigen, Nachweise, Bescheinigungen und Bestätigungen regeln,

8.

das Verfahren zur Erteilung von Genehmigungen, Ausnahmen, Befreiungen und Zustimmungen sowie zur Zulassung von Abweichungen im Einzelnen regeln,

9.

die Einrichtung des Baulastenverzeichnisses und das Eintragungsverfahren regeln.

(3) Die oberste Bauaufsichtsbehörde kann durch Verordnung für bestimmte bauliche Anlagen die erforderliche Anzahl der Einstellplätze abweichend von § 47 Abs. 1 Satz 1 festlegen, soweit Benutzerinnen, Benutzer, Besucherinnen und Besucher der Anlage nicht auf Kraftfahrzeuge angewiesen sind, weil öffentliche Verkehrsmittel ausreichend zur Verfügung stehen oder die Benutzung von Kraftfahrzeugen aus anderen Gründen nicht erforderlich ist.

(4) [1] Die oberste Bauaufsichtsbehörde kann durch Verordnung bestimmen, dass die Anforderungen der aufgrund des § 34 des Produktsicherheitsgesetzes vom 8. November 2011 (BGBl. I S. 2178; 2012 S. 131) und des § 49 Abs. 4 des Energiewirtschaftsgesetzes vom 7. Juli 2005 (BGBl. I S. 1970, 3621), zuletzt geändert durch Artikel 3 des Gesetzes vom 16. Januar 2012 (BGBl. I S. 74), erlassenen Verordnungen entsprechend für Anlagen gelten, die weder gewerblichen noch wirtschaftlichen Zwecken dienen und in deren Gefahrenbereich Arbeitnehmerinnen und Arbeitnehmer nicht beschäftigt werden. [2] Sie kann die Verfahrensvorschriften dieser Verordnungen für anwendbar erklären oder selbst

das Verfahren bestimmen sowie Zuständigkeiten auf Behörden übertragen, die nicht Bauaufsichtsbehörden sind.

§ 83
Technische Baubestimmungen

(1) Die oberste Bauaufsichtsbehörde kann Regeln der Technik, die der Erfüllung der Anforderungen des § 3 dienen, als Technische Baubestimmungen im Niedersächsischen Ministerialblatt bekannt machen.

(2) [1] Die Technischen Baubestimmungen sind einzuhalten. [2] Von ihnen darf abgewichen werden, wenn den Anforderungen des § 3 auf andere Weise ebenso wirksam entsprochen wird; § 17 Abs. 3 und § 21 bleiben unberührt.

§ 84
Örtliche Bauvorschriften

(1) Die Gemeinden können örtliche Bauvorschriften erlassen über

1.

    die Lage, Größe, Beschaffenheit, Ausstattung und Unterhaltung von Spielplätzen im Sinne des § 9 Abs. 3,

2.

    die Anzahl der notwendigen Einstellplätze, ausgenommen die Einstellplätze nach § 49 Abs. 2 Satz 2, einschließlich des Mehrbedarfs bei Nutzungsänderungen (§ 47 Abs. 1 Satz 2) und

3.

    die Fahrradabstellanlagen nach § 48 Abs. 1 Satz 1.

(2) Zur Verwirklichung bestimmter verkehrlicher oder sonstiger städtebaulicher Absichten können die Gemeinden durch örtliche Bauvorschrift in bestimmten Teilen des Gemeindegebietes oder für bestimmte Nutzungen in bestimmten Teilen des

Gemeindegebietes die Herstellung von Garagen und Stellplätzen untersagen oder einschränken.

(3) Um bestimmte städtebauliche, baugestalterische oder ökologische Absichten zu verwirklichen oder um die Eigenart oder den Eindruck von Baudenkmalen zu erhalten oder hervorzuheben, können die Gemeinden, auch über die Anforderungen des § 9 Abs. 1, 2 und 4 sowie der §§ 10 und 50 hinausgehend, durch örtliche Bauvorschrift für bestimmte Teile des Gemeindegebietes

1.

besondere Anforderungen an die Gestaltung von Gebäuden stellen, insbesondere für die Gebäude- und Geschosshöhe, für die Auswahl der Baustoffe und der Farben der von außen sichtbaren Bauteile sowie für die Neigung der Dächer einen Rahmen setzen,

2.

besondere Anforderungen an die Art, Gestaltung oder Einordnung von Werbeanlagen und Warenautomaten stellen, sie insbesondere auf bestimmte Gebäudeteile, auf bestimmte Arten, Größen, Formen und Farben beschränken oder in bestimmten Gebieten oder an bestimmten baulichen Anlagen ausschließen,

3.

die Gestaltung, Art und Höhe von Einfriedungen wie Mauern, Zäunen und Hecken bestimmen sowie die Einfriedung von Vorgärten vorschreiben oder ausschließen,

4.

die Verwendung von Einzelantennen sowie von Freileitungen, soweit diese nicht nach § 1 Abs. 2 Nr. 3 vom Geltungsbereich dieses Gesetzes ausgeschlossen sind, beschränken oder ausschließen, die Verwendung von Freileitungen jedoch nur, soweit sie unter wirtschaftlich zumutbarem Aufwand durch andere Anlagen ersetzt werden können,

5.

besondere Anforderungen an die Gestaltung sonstiger baulicher Anlagen, insbesondere der in § 2 Abs. 1 Satz 2 Nrn. 5 und 8 bis 10 genannten Anlagen stellen,

6.

die Gestaltung der nicht überbauten Flächen der bebauten Grundstücke regeln, insbesondere das Anlegen von Vorgärten vorschreiben,

7.

die Begrünung baulicher Anlagen vorschreiben,

8.

die Versickerung, Verregnung oder Verrieselung von Niederschlagswasser auf dem Baugrundstück vorschreiben.

(4) [1] Örtliche Bauvorschriften nach den Absätzen 1 und 2 werden als Satzung im eigenen Wirkungskreis erlassen. [2] Örtliche Bauvorschriften nach Absatz 3 werden als Satzung im übertragenen Wirkungskreis erlassen. [3] Die Vorschriften für das Verfahren bei der Aufstellung von Bebauungsplänen gelten einschließlich der Vorschriften über die Veränderungssperre, die Zurückstellung von Baugesuchen und die Folgen von Verfahrensmängeln für die in Satz 2 genannten örtlichen Bauvorschriften entsprechend; § 10 Abs. 2 Satz 2 des Baugesetzbuchs (BauGB) gilt mit der Maßgabe entsprechend, dass § 6 Abs. 2 BauGB nicht anzuwenden ist. [4] Anforderungen in örtlichen Bauvorschriften können auch in zeichnerischer Form gestellt werden.

(5) Ist anstelle einer Gemeinde eine nach dem Recht der kommunalen Zusammenarbeit gebildete juristische Person des öffentlichen Rechts oder eine andere Körperschaft für die Aufstellung von Bebauungsplänen zuständig, so gilt dies auch für den Erlass örtlicher Bauvorschriften.

(6) Örtliche Bauvorschriften können in Bebauungspläne und in Satzungen nach § 34 Abs. 4 Satz 1 Nrn. 2 und 3 BauGB als Festsetzungen aufgenommen werden.

§ 85

Anforderungen an bestehende
und genehmigte bauliche Anlagen

(1) Bauliche Anlagen, die vor dem 1. November 2012 rechtmäßig errichtet oder begonnen wurden oder am 1. November 2012 aufgrund einer Baugenehmigung oder Bauanzeige errichtet werden dürfen, brauchen an Vorschriften dieses Gesetzes, die vom bisherigen Recht abweichen, nur in den Fällen der Absätze 2 bis 4 angepasst zu werden.

(2) Die Bauaufsichtsbehörde kann eine Anpassung verlangen, wenn dies zur Erfüllung der Anforderungen des § 3 Abs. 1 erforderlich ist.

(3) Wird eine bauliche Anlage geändert, so kann die Bauaufsichtsbehörde verlangen, dass auch von der Änderung nicht betroffene Teile der baulichen Anlage angepasst werden, wenn sich die Kosten der Änderung dadurch um nicht mehr als 20 vom Hundert erhöhen.

(4) [1] Soweit bauliche Anlagen an die Vorschriften dieses Gesetzes anzupassen sind, können nach bisherigem Recht erteilte Baugenehmigungen ohne Entschädigung widerrufen werden. [2] Dies gilt sinngemäß für Bauvorbescheide und Bauanzeigen.

(5) Die Absätze 1 bis 4 gelten entsprechend für die Anpassung baulicher Anlagen an Vorschriften, die aufgrund dieses Gesetzes ergehen.

§ 86

Übergangsvorschriften

(1) [1] Für die vor dem 1. November 2012 eingeleiteten Verfahren ist weiterhin die Niedersächsische Bauordnung in der Fassung vom 10. Februar 2003 (Nds. GVBl. S. 89, zuletzt geändert durch § 13 des Gesetzes vom 10. November 2011 (Nds. GVBl. S. 415), anzuwenden. [2] Dies gilt nicht für die Anforderungen nach den §§ 5 bis 7, § 9 Abs. 3 und § 44 Abs. 5 Sätze 1 und 2.

(2) Nachweise im Sinne des § 65 Abs. 4 und 6 dürfen auch von Personen erstellt werden, die eine Bestätigung nach § 1 Abs. 2 Satz 4 der Prüfeinschränkungs-Verordnung vom 15. Mai 1986 (Nds. GVBl. S. 153), geändert durch Verordnung vom 15. Oktober 1986 (Nds. GVBl. S. 340), haben.

(3) Personen, Stellen, Überwachungsgemeinschaften und Behörden, die am 30. Juni 1995 zu Prüfstellen bestimmt oder als Überwachungsstellen anerkannt waren, gelten für ihren

bisherigen Aufgabenbereich weiterhin als Prüf- oder Überwachungsstellen nach § 25 Satz 1 Nr. 2 oder 4.

(4) Wer seit dem 1. Januar 1971 in Ausübung seines Berufes ständig andere als die in § 53 Abs. 9 Nr. 1 genannten Entwürfe verfasst hat, darf weiterhin bis zum 31. Dezember 2020 entsprechende Entwürfe verfassen, wenn diese Befugnis durch die seinerzeit zuständige obere Bauaufsichtsbehörde nach § 100 der Niedersächsischen Bauordnung in der bis zum 30. Juni 1995 geltenden Fassung vom 6. Juni 1986 (Nds. GVBl. S. 157), zuletzt geändert durch Artikel II des Gesetzes vom 7. November 1991 (Nds. GVBl. S. 295), erteilt worden ist.

§ 87
Änderung von Rechtsvorschriften

(Änderungsanweisungen)

§ 88
Inkrafttreten

(1) [1] Dieses Gesetz tritt am 1. November 2012 in Kraft. [2] Abweichend von Satz 1 treten die §§ 5 bis 7, § 9 Abs. 3, § 17 Abs. 8, § 44 Abs. 5 Sätze 1 und 2 und die §§ 82 und 84 am Tag nach der Verkündung in Kraft.

(2) [1] Die Niedersächsische Bauordnung in der Fassung vom 10. Februar 2003 (Nds. GVBl. S. 89), zuletzt geändert durch § 13 des Gesetzes vom 10. November 2011 (Nds. GVBl. S. 415), tritt mit Ablauf des 31. Oktober 2012 außer Kraft. [2] Abweichend von Satz 1 treten die §§ 7 bis 13 und 16 der Niedersächsischen Bauordnung in der in Satz 1 genannten Fassung zu dem in Absatz 1 Satz 2 genannten Zeitpunkt außer Kraft.

Hannover, den 3. April 2012

Der Präsident des Niedersächsischen Landtages

Hermann Dinkla

Das vorstehende Gesetz wird hiermit verkündet.

Der Niedersächsische Ministerpräsident

David McAllister

(zu § 60 Abs. 1)

Verfahrensfreie Baumaßnahmen

Übersicht

1.

Gebäude

2.

Feuerungs- und sonstige Energieerzeugungsanlagen

3.

Leitungen und Anlagen für Lüftung, Wasser- oder Energieversorgung, Abwasserbeseitigung, Telekommunikation oder Brandschutz

4.

Masten, Antennen und ähnliche bauliche Anlagen

5.

Behälter

6.

Einfriedungen, Stützmauern, Brücken und Durchlässe

7.

Aufschüttungen, Abgrabungen und Erkundungsbohrungen

8.

Bauliche Anlagen auf Camping- oder Wochenendplätzen

9.

Bauliche Anlagen in Gärten oder zur Freizeitgestaltung

10.

Werbeanlagen, Hinweisschilder und Warenautomaten

11.

Fliegende Bauten und sonstige vorübergehend aufgestellte oder genutzte bauliche Anlagen

12.

Tragende und nichttragende Bauteile

13.

Fenster, Türen, Außenwände und Dächer

14.

Sonstige bauliche Anlagen und Teile baulicher Anlagen

1.

Gebäude

1.1

Gebäude und Vorbauten ohne Aufenthaltsräume, Toiletten und Feuerstätten, wenn die Gebäude und Vorbauten nicht mehr als 40 m^3 - im Außenbereich nicht mehr als 20 m^3 - Brutto-Rauminhalt haben und weder Verkaufs- noch Ausstellungszwecken noch dem Abstellen von Kraftfahrzeugen dienen,

1.2

Garagen mit nicht mehr als 30 m² Grundfläche, außer im Außenbereich, Garagen mit notwendigen Einstellplätzen jedoch nur, wenn die Errichtung oder Änderung der Einstellplätze genehmigt oder nach § 62 genehmigungsfrei ist,

1.3

Gebäude mit nicht mehr als 100 m² Grundfläche und 5 m Höhe, die keine Feuerstätte haben und einem land- oder forstwirtschaftlichen Betrieb oder einem Betrieb der gartenbaulichen Erzeugung dienen und nur zum vorübergehenden Schutz von Tieren oder zur Unterbringung von Erzeugnissen dieser Betriebe bestimmt sind,

1.4

Gewächshäuser mit nicht mehr als 5 m Firsthöhe, die einem landwirtschaftlichen Betrieb oder einem Betrieb der gartenbaulichen Erzeugung dienen,

1.5

Gartenlauben in einer Kleingartenanlage nach dem Bundeskleingartengesetz,

1.6

Fahrgastunterstände, die dem öffentlichen Personenverkehr oder dem Schülertransport dienen, mit nicht mehr als 20 m² Grundfläche,

1.7

Schutzhütten, wenn sie jedermann zugänglich sind, keine Aufenthaltsräume haben und von einer Körperschaft, Anstalt oder Stiftung des öffentlichen Rechts unterhalten werden,

1.8

Terrassenüberdachungen mit nicht mehr als 30 m² Grundfläche und mit nicht mehr als 3 m Tiefe.

2.

Feuerungs- und sonstige Energieerzeugungsanlagen

2.1

Feuerungsanlagen, freistehende Abgasanlagen jedoch nur mit nicht mehr als 10 m Höhe,

2.2

Wärmepumpen,

2.3

Solarenergieanlagen und Sonnenkollektoren mit nicht mehr als 3 m Höhe und mit nicht mehr als 9 m Gesamtlänge, außer im Außenbereich, sowie in, an oder auf Dach- oder Außenwandflächen von Gebäuden, die keine Hochhäuser sind, angebrachte Solarenergieanlagen und Sonnenkollektoren,

2.4

Blockheizkraftwerke einschließlich der Leitungen zur Abführung der Verbrennungsgase, soweit sie keine Sonderbauten nach § 2 Abs. 5 Satz 2 sind,

2.5

je landwirtschaftlichem Betrieb eine thermochemische Vergasungsanlage im Außenbereich, die diesem landwirtschaftlichen Betrieb dient, soweit sie kein Sonderbau nach § 2 Abs. 5 Satz 2 ist.

3.

Leitungen und Anlagen für Lüftung, Wasser- oder Energieversorgung, Abwasserbeseitigung, Telekommunikation oder Brandschutz

3.1

Lüftungsleitungen, Leitungen von Klimaanlagen und Warmluftheizungen, Installationsschächte und Installationskanäle, die nicht durch Decken oder Wände, die feuerwiderstandsfähig sein müssen, geführt werden,

3.2

Leitungen für Elektrizität, Wasser, Abwasser, Gas oder Wärme,

3.3

Brunnen,

3.4

Wasserversorgungsanlagen in Gebäuden,

3.5

Abwasserbehandlungsanlagen für nicht mehr als täglich 8 m^3 häusliches Schmutzwasser,

3.6

Sanitärinstallationen wie Toiletten, Waschbecken und Badewannen,

3.7

Anlagen zur Verteilung von Wärme bei Warmwasser- oder Niederdruckdampfheizungen,

3.8

bauliche Anlagen, die ausschließlich der Telekommunikation, der öffentlichen Versorgung mit Elektrizität, Gas, Öl, Wärme oder Wasser oder der Wasserwirtschaft dienen und eine Grundfläche von nicht mehr als 20 m² und eine Höhe von nicht mehr als 4 m haben,

3.9

Brandmeldeanlagen in Wohnungen.

4.

Masten, Antennen und ähnliche Anlagen

4.1

Masten und Unterstützungen für Freileitungen und für Telekommunikationsleitungen,

4.2

Unterstützungen von Seilbahnen und von Leitungen sonstiger Verkehrsmittel,

4.3

Fahnenmasten,

4.4

Flutlichtmasten mit einer Höhe von nicht mehr als 10 m, außer im Außenbereich,

4.5

Sirenen und deren Masten,

4.6

Antennen, die einschließlich der Masten nicht höher als 10 m sind, und zugehörige Versorgungseinheiten mit nicht mehr als 20 m^3 Brutto-Rauminhalt (Antennenanlagen) sowie die mit der Errichtung und Nutzung solcher Antennenanlagen verbundene Änderung der Nutzung oder der äußeren Gestalt bestehender baulicher Anlagen in, auf oder an denen diese errichtet werden,

4.7

ortsveränderliche Antennenanlagen, die für längstens drei Monate aufgestellt werden,

4.8

Signalhochbauten der Landesvermessung,

4.9

Blitzschutzanlagen.

5.

Behälter

5.1

Behälter zur Lagerung brennbarer oder wassergefährdender Stoffe mit nicht mehr als 10 m^3 Behälterinhalt mit den Rohrleitungen, Auffangräumen und Auffangvorrichtungen sowie den zugehörigen Betriebs- und Sicherheitseinrichtungen und Schutzvorkehrungen,

5.2

Futtermittelbehälter, die einem landwirtschaftlichen Betrieb dienen und in denen nur Futtermittel gelagert werden, mit nicht mehr als 6 m Höhe,

5.3

Behälter für Flüssiggas mit einem Fassungsvermögen von nicht mehr als 3 t,

5.4

Behälter für nicht verflüssigte Gase mit nicht mehr als 6 m^3 Behälterinhalt,

5.5

transportable Behälter für feste Stoffe,

5.6

Behälter mit nicht mehr als 50m^3 Rauminhalt und mit nicht mehr als 3 m Höhe, die nicht für Gase, brennbare Flüssigkeiten oder wassergefährdende Stoffe, insbesondere nicht für Jauche oder Gülle, bestimmt sind, im Außenbereich nur, wenn sie einem land- oder forstwirtschaftlichen Betrieb oder einem Betrieb der gartenbaulichen Erzeugung dienen,

5.7

Behälter für Regenwasser mit nicht mehr als 100 m^3 Rauminhalt.

6.

Einfriedungen, Stützmauern, Brücken und Durchlässe

6.1

Einfriedungen mit nicht mehr als 2 m Höhe über der Geländeoberfläche nach § 5 Abs. 9, im Außenbereich nur als Nebenanlage eines höchstens 50 m entfernten Gebäudes mit Aufenthaltsräumen,

6.2

Stützmauern mit nicht mehr als 1,50 m Höhe über der Geländeoberfläche nach § 5 Abs. 9,

6.3

offene Einfriedungen ohne Sockel, die einem land- oder forstwirtschaftlichen Betrieb oder einem Betrieb der gartenbaulichen Erzeugung dienen,

6.4

Durchlässe und Brücken mit nicht mehr als 5 m lichte Weite.

7.

Aufschüttungen, Abgrabungen und Erkundungsbohrungen

7.1

Selbständige Aufschüttungen und Abgrabungen mit nicht mehr als 3 m Höhe oder Tiefe, im Außenbereich nur, wenn die Aufschüttungen und Abgrabungen nicht der Herstellung von Teichen dienen und nicht mehr als 300 m² Fläche haben,

7.2

künstliche Hohlräume unter der Erdoberfläche mit nicht mehr als 15 m³ Rauminhalt,

7.3

Erkundungsbohrungen.

8.

Anlagen auf Camping- oder Wochenendplätzen

8.1

Wohnwagen, Zelte und bauliche Anlagen, die keine Gebäude sind, auf Campingplätzen,

8.2

Wochenendhäuser und bauliche Anlagen, die keine Gebäude sind, auf Wochenendplätzen.

9.

Anlagen in Gärten oder zur Freizeitgestaltung

9.1

Bauliche Anlagen, die der Gartennutzung, der Gartengestaltung oder der zweckentsprechenden Einrichtung von Gärten dienen, wie Bänke, Sitzgruppen, Terrassen oder Pergolen, ausgenommen Gebäude und Einfriedungen,

9.2

Vorrichtungen zum Teppichklopfen oder Wäschetrocknen,

9.3

Spielplätze im Sinne des § 9 Abs. 3 Satz 1 und bauliche Anlagen, die der zweckentsprechenden Einrichtung von genehmigten Sport- oder Kinderspielplätzen dienen, wie Tore für Ballspiele, Schaukeln und Klettergerüste, ausgenommen Gebäude, Tribünen, Flutlichtanlagen und Ballfangzäune,

9.4

bauliche Anlagen ohne Aufenthaltsräume auf genehmigten Abenteuerspielplätzen,

9.5

bauliche Anlagen für Trimmpfade,

9.6

Wasserbecken mit nicht mehr als 100 m^3 Beckeninhalt, im Außenbereich nur als Nebenanlage eines höchstens 50 m entfernten Gebäudes mit Aufenthaltsräumen,

9.7

luftgetragene Schwimmbeckenüberdachungen mit nicht mehr als 100 m² Grundfläche für Schwimmbecken, die nach Nummer 9.6 verfahrensfrei sind,

9.8

Sprungschanzen, Sprungtürme und Rutschbahnen mit nicht mehr als 10 m Höhe in genehmigten Sportanlagen oder Freizeitanlagen,

9.9

Stege ohne Aufbauten in oder an Gewässern,

9.10

Wildfütterungsstände,

9.11

Hochsitze mit nicht mehr als 4 m² Nutzfläche,

9.12

Loipen und die dazugehörigen baulichen Anlagen, ausgenommen Gebäude.

10.

Werbeanlagen, Hinweisschilder und Warenautomaten

10.1

Werbeanlagen mit nicht mehr als 1 m² Ansichtsfläche,

10.2

vorübergehend angebrachte oder aufgestellte Werbeanlagen an der Stätte der Leistung, wenn die Anlagen nicht fest mit dem Erdboden oder anderen baulichen Anlagen verbunden sind,

10.3

Werbeanlagen für zeitlich begrenzte Veranstaltungen,

10.4

Werbeanlagen, die vorübergehend für öffentliche Wahlen oder Abstimmungen angebracht oder aufgestellt werden,

10.5

Werbeanlagen mit nicht mehr als 10 m Höhe an der Stätte der Leistung in durch Bebauungsplan festgesetzten Gewerbe- oder Industriegebieten oder in durch Bebauungsplan festgesetzten Sondergebieten für eine gewerbe- oder industrieähnliche Nutzung,

10.6

Schilder an öffentlichen Straßen mit Hinweisen über das Fahrverhalten,

10.7

Orientierungs- und Bildtafeln über Wanderwege, Lehrpfade oder die durch Rechtsvorschrift geschützten Teile von Natur und Landschaft,

10.8

Warenautomaten.

11.

Fliegende Bauten und sonstige vorübergehend aufgestellte oder genutzte bauliche Anlagen

11.1

Fliegende Bauten mit nicht mehr als 5 m Höhe, die nicht dazu bestimmt sind, von Besucherinnen und Besuchern betreten zu werden,

11.2

erdgeschossige betretbare Verkaufsstände, die fliegende Bauten sind, mit einer Grundfläche von nicht mehr als 75 m²,

11.3

fliegende Bauten mit nicht mehr als 5 m Höhe, die für Kinder bestimmt sind und mit einer Geschwindigkeit von nicht mehr als 1 m/s betrieben werden,

11.4

Bühnen, die fliegende Bauten sind, einschließlich Überdachungen und sonstiger Aufbauten, mit nicht mehr als 5 m Höhe, mit einer Grundfläche von nicht mehr als 100 m² und einer Fußbodenhöhe von nicht mehr als 1,50 m,

11.5

Zelte, die fliegende Bauten sind, mit nicht mehr als 75 m² Grundfläche,

11.6

Zelte, die dem Wohnen dienen und nur gelegentlich für längstens drei Tage auf demselben Grundstück aufgestellt werden, es sei denn, dass auf dem Grundstück und in dessen Nähe gleichzeitig mehr als zehn Personen zelten,

11.7

Behelfsbauten, die der Landesverteidigung, dem Katastrophenschutz oder der Unfallhilfe dienen und nur vorübergehend aufgestellt werden,

11.8

bauliche Anlagen, die zu Straßenfesten nur vorübergehend errichtet werden und keine fliegenden Bauten sind,

11.9

bauliche Anlagen, die für längstens drei Monate auf genehmigtem Messe- oder Ausstellungsgelände errichtet werden, ausgenommen fliegende Bauten,

11.10

bauliche Anlagen, die dem Verkauf landwirtschaftlicher Produkte durch den Erzeuger dienen und nicht fest mit dem Erdboden verbunden sind, nicht jedoch Gebäude,

11.11

vorübergehend genutzte Lagerplätze für landwirtschaftliche, forstwirtschaftliche oder erwerbsgärtnerische Produkte, wie Kartoffel-, Rübenblatt- und Strohmieten,

11.12

Imbiss- und Verkaufswagen auf öffentlichen Verkehrsflächen oder gewerblich genutzten Flächen, außer im Außenbereich,

11.13

Gerüste,

11.14

Baustelleneinrichtungen einschließlich der für die Baustelle genutzten Lagerhallen, Schutzhallen und Unterkünfte,

11.15

ortsveränderlich genutzte und fahrbereit aufgestellte Geflügelställe zum Zweck der Freilandhaltung oder der ökologisch-biologischen Geflügelhaltung, wenn diese einem landwirtschaftlichen Betrieb dienen und jeweils nicht mehr als 450 m^3 Brutto-Rauminhalt sowie eine Auslauffläche haben, die mindestens 7 m^2 je Kubikmeter Brutto-Rauminhalt beträgt.

12.

Tragende und nichttragende Bauteile

12.1

Wände, Decken, Stützen und Treppen, ausgenommen Außenwände, Gebäudetrennwände und Dachkonstruktionen, in fertiggestellten Wohngebäuden oder fertiggestellten Wohnungen, jedoch nicht in Hochhäusern,

12.2

Wände und Decken, die weder tragend noch aussteifend sind und nicht feuerwiderstandsfähig (§ 26 Abs. 2) sein müssen, in fertiggestellten Gebäuden,

12.3

Bekleidungen und Dämmschichten in fertiggestellten Wohngebäuden oder fertiggestellten Wohnungen,

12.4

Bekleidungen und Dämmschichten, die weder schwerentflammbar noch nichtbrennbar sein müssen, in Gebäuden.

13.

Fenster, Türen, Außenwände und Dächer

13.1

Öffnungen für Fenster oder Türen in fertiggestellten Wohngebäuden, fertiggestellten Wohnungen oder in Wänden oder Decken nach Nummer 12.2,

13.2

Fenster und Türen in vorhandenen Öffnungen,

13.3

Fenster- und Rollläden,

13.4

Außenwandbekleidungen, ausgenommen bei Hochhäusern, Verblendung und Verputz baulicher Anlagen, die kein sichtbares Holzfachwerk haben,

13.5

Dacheindeckungen, wenn sie nur gegen vorhandene Dacheindeckungen ausgewechselt werden,

13.6

Dächer von vorhandenen Wohngebäuden einschließlich der Dachkonstruktion ohne Änderung der bisherigen äußeren Abmessungen.

14.

Sonstige bauliche Anlagen und Teile baulicher Anlagen

14.1

Bauliche Anlagen aufgrund eines Flurbereinigungsplans oder eines Wege- und Gewässerplans nach § 41 des Flurbereinigungsgesetzes, ausgenommen Gebäude, Brücken und Stützmauern,

14.2

Zapfsäulen und Tankautomaten genehmigter Tankstellen,

14.3

Erdgasbetankungsgeräte und Ladegeräte für Elektrofahrzeuge,

14.4

Regale mit einer zulässigen Höhe der Oberkante des Lagerguts von nicht mehr als 7,50 m,

14.5

Denkmale und Skulpturen mit nicht mehr als 3 m Höhe sowie Grabdenkmale auf Friedhöfen,

14.6

Bewegliche Sonnendächer (Markisen), die keine Werbeträger sind,

14.7

Stellplätze für Personen-Kraftfahrzeuge mit nicht mehr als insgesamt 50 m² Nutzfläche je Grundstück sowie deren Zufahrten und Fahrgassen, ausgenommen notwendige Einstellplätze,

14.8

Fahrradabstellanlagen, in einem Gebäude jedoch nur dann, wenn das Gebäude an mindestens einer Seite vollständig offen ist,

14.9

Fahrzeugwaagen,

14.10

land- oder forstwirtschaftliche Wirtschaftswege mit wassergebundener Decke mit nicht mehr als 3,50 m Fahrbahnbreite sowie Rückewege, die einem forstwirtschaftlichen Betrieb dienen,

14.11

Lager- und Abstellplätze für die Anzucht oder den Handel mit Pflanzen oder Pflanzenteilen, sowie sonstige Lager- und Abstellplätze, die einem land- oder forstwirtschaftlichen Betrieb oder einem Betrieb der gartenbaulichen Erzeugung dienen, wenn sie unbefestigt sind,

14.12

Personenaufzüge, die zur Beförderung von nur einer Person bestimmt sind,

14.13

Erweiterung einer Gaststätte um eine Außenbewirtschaftung, wenn die für die Erweiterung in Anspruch genommene Grundfläche 100 m² nicht überschreitet.

www.ingramcontent.com/pod-product-compliance
Lightning Source LLC
Chambersburg PA
CBHW070903180526
45168CB00005B/1917